MIS
PENSAMIENTOS

MIS PENSAMIENTOS

MANUEL HURTADO E.

Para realizar pedidos de este libro, contacte con:
Palibrio LLC
1663 Liberty Drive
Suite 200
Bloomington, IN 47403
Gratis desde EE. UU. al 877.407.5847
Gratis desde México al 01.800.288.2243
Gratis desde España al 900.866.949
Desde otro país al +1.812.671.9757
Fax: 01.812.355.1576
ventas@palibrio.com
505589

A nuestra bebé

Cae la sombra del desconcierto y se anuncia tu luz como una nueva esperanza,
haz empezado a alegrar nuestros corazones y vidas,
el anuncio de tu llegada abre las puertas de un nuevo mundo y ya han comenzado,
los nervios por los meses que faltan para tu llegada,
pero créeme, la alegría que has producido en nuestras vidas no hay palabras para describirla,
cada día será un día lleno de ilusión y esperanza por tu llegada,
que Dios te llene de amor y esperanza para la felicidad de tu mamá y de tu padre,
Bienvenido a nuestro mundo te esperamos con todo el amor que hay en nuestros corazones.

Tus abuelos

10-29-2008

¿Cómo ser?

¿Cómo ver?

¿Cómo saber?

¿Cómo? Si en mí no brota nada,

¿Cómo? Si en mí solo aflora el animal,

¿Cómo? Muy simple, en el amor y la música, porque en la dulzura de la música hacen que broten, como ríos interminables, los sueños, las ilusiones y la inspiración por vivir, por esculpir mi obra, por volar, por aflorar de mí todo lo que el amor pueda inspirar y al voltear al cielo, sentir volar de estrella en estrella alimentando mi alma con la grandiosidad del universo,

de ese universo que creó Dios para llenarnos de sabiduría y amor.

De sonido en sonido de una melodía que me lleva a los recuerdos que mi mente guarda haciendo que mi mente baile en ese salón enorme que mis sueños crean.

¿Qué con quién? Describir su figura, su rostro que a pesar de lo hermoso es tan cambiante, como las luces del cielo, que no me dejan fijar la forma de su rostro que a la vez es tan cambiante por su belleza misma de mujer,

pero que me lleva a esa sensación de ensueño que se envuelve todo en el amor y la música,

que al final me hacen decir,

¿Ver? Con amor

¿Saber? Con amor

Porque en el amor está la maravilla de vivir y morir.

Meditar

9-30-04

Ponte a meditar pobre ente,
deja de voltear a los lados que solo veras la porquería que te rodea,
voltea, sí, pero hacia arriba, y vé cuán infinito es lo que te aguarda,
cuán infinito lleno de sabiduría y grandiosidad nos creó Dios,
ese universo que está esperando ser explorado,
deja de voltear a tu lado para pelear por un espacio,
de pelear por el color de la piel, de una tela, de una religión, ¿de una? De una nada,
porque al final es eso una nada,
porque solo te rodea una cloaca llena de porquería que todos los que te rodean
han creado:
Puesto que Dios no creo este mundo con banderas, países o religiones lo creó
como parte del universo;
Medita y vé que ni siquiera hablan un mismo idioma, que tan fácil es el hacerlo,
ya que un solo idioma haría de este mundo mas fácil de vivir, ¿que cual? Que
más da,
deja de pelear y busca como salir al universo que esta lleno de tantos secretos
maravillosos que Dios ha creado,
para que tú y los que te rodean lo vean, lo entiendan y lo aprovechen,
medita y voltea hacia el universo, que esto pronto nada será.

Es triste el amarte   9-26-04

Que triste es amarte y ver que en tí solo hay desamor,
es triste el amarte y ver en tí la amargura que te produce mi amor,
si, triste es el amarte y ver que odias hasta el aire que respiras porque sabes que
en el estoy yo y porque sabes que te amo,
pero en mi ceguera por amarte no me deja ver la realidad de tu desamor,
mis ojos y mi corazón se niegan a percibirlo,
no sabía que amarte sería un castigo sin fin para tí,
y por eso siento que mi corazón que canta con tanto amor no quiere ver que
canta pero en el vacío;
Es triste ver mi alma vacía,
porque en tí no hay nada por mí,
está tan vacía que solo la amargura la envuelve;
El ver que en tí, ni en tu alma suene algo por mí me hace ver y pensar en,
que triste es amarte.

Tu amor 9-26-08

Con los colores de tus pétalos decoro los salones de mi corazón,
para recibir el esplendor de tu amor,
que como los pétalos de una rosa que lentamente van abriéndose hasta el
máximo de su esplendor,
así al igual tu amor va abriéndose lentamente llenando de luz y amor mi corazón,
cada tinte, cada gota va impregnando a cada célula de mi corazón,
al igual que cada tinte adorna los pétalos de una rosa,
tu amor es como ver brotar a un rosal en todo su esplendor,
llenarse de rosas para contagiarte de su belleza,
así mismo tu aroma es como el aroma de ese rosal que al emanar su perfume te
envuelve,
así es también el aroma que emana de tus labios,
que si ellas encarnan en hermosas rosas,
así encarnan tus palabras en mi alma, el amor,
ese amor tan soñado que convierte tu aroma en pasión,
haciéndome soñar en las delicias de amor,
que solo tú sabes dar,
ya que las palabras que de tus labios brotan son como un aroma ensoñador.

Una gota de agua   9-25-04

Me diste la facilidad del pensamiento, de la imaginación, de la inspiración, de la
fantasía y ahora como no pensar en derramarla en palabras para llenar los huecos
para entender tu grandiosidad,

para entender tu pensamiento,

pensamiento que solo lo hemos tomado como una luz fugaz en el firmamento
sin entender que lleva tantas palabras para poder entenderte;

OH Dios cuanto falta a nuestras mentes para entenderte;

es como ver caer una gota de agua en el suelo o en el aire y que no entendemos
que lleva tanto dentro,

que ni eso entendemos cuando la vemos pasar o estrellarse en el suelo,

tanta es nuestra ignorancia, que nos sentimos los dioses,

nos llena la soberbia que nos ciega, y no queremos entender que solo un Dios
puede existir y que poder entender su palabra, es lo que nos puede abrir nuestra
mente y el corazón para entender su infinita sabiduría, ya que en cada célula,
animal planta u objeto esta su mano;

Abre un poco más OH, Dios mi mente y mi alma que al hacerlo podré
acercarme más a tí y servirte mejor.

A quien me dio la vida 9-29-04

Brotan de mis ojos las lagrimas y como un grito dentro de mí,
me estremece de tristeza y llanto al ver que ya no estás junto a mí,
que tus brazos ya no me levantarán ni me arrullarán;
Al ver que ya no sentiré tu calor, mi alma y mi ser, corren buscándote por todos lados,
solo la lluvia disfraza mis lágrimas y un solo grito sale de mí,
¿Dónde, dónde estás?
Comprende que me has dejado en una inmensa penumbra,
mi alma y mi ser se desgarran ahora entre tanta soledad,
fue tanta la dicha de vivir a tu lado que hoy al no encontrarme frente a tí, me
llenó de dolor y desolación,
dime dónde estás, pues no logro concebir tu ausencia,
vuelve a mí, no me abandones que el haber recibido la vida por tí, llenó mi alma
y mi ser de vida y esplendor,
hiciste de mi vida un paraíso, que hoy se ha convertido en un infierno sin tí,
dime dónde encontrarte y poder volver a vivir esos momentos tan gloriosos que
me diste,
¿Dónde estas? Tú me diste la vida, ¿sin tí, que será vivir?

A tu ser

Me inspiran tus colores y los aromas de tu ser,

pero, oh pobre de mí ya no es tu ser lo que envuelve mi corazón,

no, es ahora el deseo de poder volar lejos,

como las notas musicales que creando melodías vuelan en el espacio, así, me puedan llevar en el espacio y el embrujo de la fantasía,

que a través del paraíso que por mundo tenemos,

llenando mi alma de sus colores y sus aromas y no de absurdas realidades,

que tú ser llenó de tantas maldades y que solo envuelven mi alma en la penumbra y el dolor pues en tí solo encontré odios, rencores y amarguras,

y como no te quieres dar cuenta de cómo al mundo tenemos tanto que dar y recibir,

solo puedo albergar deseos por ver todo ese mundo que nos rodea, con su naturaleza, sus paisajes, su esplendor en ríos, cascadas, bosques, desiertos y mares;

Ellos nos enseñan a amar y descubrir en cada día la vida,

el renacer siempre con esplendor como en un arco iris de colores y no de odios y rencores,

dale vuelta a tu vida árida, y si en tí aun queda algo que dar acompáñame por este nuestro mundo que tiene tanto que darnos,

vamos despierta aviva tu alma,

ven empecemos de nuevo a llenarnos de vida y amor.

Ave

9-28-04

Te veo pasar frente a mis ojos,
y haces renacer la esperanza,
esperanza que día a día crece,
para impulsar más mis ansias de volver a verte pasar,
porque si, eres tú quien podrá llevarme donde todo lo encontrare,
ave que por el cielo vuelas,
vuelve, regresa, vuelve a pasar frente a mis ojos para renacer esa esperanza,
y poderte seguir, márcame el camino de la vida sin fin ni dolor,
vuelve a pasar frente a mí,
que ahora sí mis ojos y mis pasos te seguirán por siempre por ese maravilloso
mundo del que has venido,
que tiene todo el sonido y la luz de la gloria misma.

Volver a caminar 9-28-04

Como quisiera volver a caminar en ese camino por el que anduve,
no para rectificar mis pasos,
sino para darles más realce, más sentido a cada instante vivido,
hacer más eterno cada segundo que viví, bien o mal, pero hacer más significativo
cada paso dado;
Porque la vida está llena de un todo que cuando la caminamos,
no nos damos cuenta de tantas cosas y detalles que dejamos de hacer y ver en
nuestro caminar,
y que ahora quisiera revivirlos para llenar más mi alma de cada una de los
instantes vividos y no desperdiciar ni un instante,
donde hay tanto que aprender y conocer,
muy despacio debí haber caminado en ese camino que hoy veo,
que para mi esta terminando y que ya no podré continuar,
ya que hay algo que no aprendí,
y es que todo en esta vida,
sí tiene un fin.

Sin eco

9-30-04

Quisiera decirte cuánto te amo,
pero, ¿Para que?
Mi voz no tiene sonido en tus oídos,
mi voz suena en tu alma como una cascada de ruidos,
y como expresarte mi amor por tí,
que hace a mi alma llorar y reír,
pero claro no tiene sentido, porque tus oídos no oyen mi voz,
y como decirte cuánto te amo, si ni eco tiene mi voz,
¿Porque mi ceguera?
El amar sin ser amado te vuelve ciego y no alcanzas a ver que no te aman,
que el amarte es para mí tan sublime y para tí es tan solo un vacío,
que no aceptamos que no siempre amar, será ser amado,
soy como un fantasma que vive amándote,
¿Pero como vas a escucharme?
Si precisamente nada puedes ver ni escuchar de un fantasma,
que vive amándote en la nada.

Saltando y cantando   11-10-04

Saltando frente a mis ojos con tu sensual mirada,
haces sentir y desbordar mi pasión por tí,
y mi amor se prenda de tí,
como no amarte si estás envuelta de tanta dulzura y pasión,
y es así que con tus ojos mi sangre corre por mí ser,
elevando mi amor por tí,
y cantando las voces de tu corazón entonan un himno de amor y ensoñación,
cantando tus voces hacen vibrar mi corazón de emoción,
y hasta las piedras ruedan en el río por tu amor acompañando con sus sonidos
los cantos de tu corazón.

Mujer

11-12-04

Mujer si entendieras lo que como mujer quiere decir mujer
lo que como mujer se espera de tí,
lo que como mujer quisiéramos ver en tí,
lo que como mujer debemos entender de tí,
lo que como mujer quiere decir mujer,
Oh mujer si pudieras entender lo que como mujer quisiéramos entender de tí
que como mujer solo esperamos a la mujer.

Tu palabra   9-30-04

Se encarna las palabras cuando escucho tocar tu música
y en cascada de notas, brotan los recuerdos, las ilusiones,
los sueños, las fantasías pero también las tragedias, el llanto y el dolor,
la soledad misma del alma,
y es cuando al compás de las notas de tu piano que quisiera volar,
volar para encontrar solo tu amor y la gloria que esas notas inspiran,
y que hacen brotar de lo más profundo lo más dulces y profundos
sentimientos del alma,
Oh, Dios, deja a mi alma encontrarte para disfrutar de las más bellas melodías
que se han inspirado en este mundo,
y que en tu eternidad deben ser inmensas y maravillosas.

Dios

10-30-04

Si te busco en el cielo, en la oscuridad en las estrellas y no te puedo encontrar
si te busco con la luz de la luna, tampoco te puedo encontrar,
y si te busco por todas partes, me digo a mí mismo,
cómo no buscarle, si a cada paso que doy en su busca, me asalta el temor ya que
es posible que al siguiente paso tampoco le encuentre,
cómo encontrarte si se que tú eres el camino del todo,
que tú eres la eternidad,
cómo no buscarte si me han dicho que tú estas en todas partes,
cómo no buscarte si tu eres lo infinito, lo indescriptible,
si, tú, tú que eres Dios,
¿Cómo podré encontrarte? Enséñame el camino,
ya que todos me dicen que en tí lo está todo,
que la verdad de nuestra existencia está en tí,
por favor Señor ilumina tus caminos por los que se puede llegar a tí,
por favor que ya mi alma está cansada de recorrer esos caminos que solo nos
llevan a la incertidumbre y la tortura,
solo sangre y lágrimas derrama uno en ellos,
y por eso Señor ruego a tí,
muéstrame el camino que me conducirá a tí.

Te amo

Paso a paso mi corazón palpita con ansiedad,
y no es la calma la que puede invadir mi pensamiento,
pues ante tí no existe calma ni paciencia,
solo la ansiedad de verte,
sentirte y estrechar tu cuerpo,
para alebrestar todos mis sentidos,
y sin contención desbordar los latidos de mi corazón,
que te anhela con todo amor,
que en la ansiedad por amarte,
mi ser se llena de sueños de amor,
que conjugados en tí y con tu corazón solo puedo pronunciar,
te amo.

Ser

10-30-04

No es el horizonte el que con su esplendor de sus colores en la lejanía ha de llenar tu alma,
es quizás, si el que te hará pensar en quien eres tú,
y si no sabes comprender que quiere decir, ¡ser!
¿Entonces cómo podrás encontrar en ese horizonte la respuesta a tu ser?
Pero si en ese esplendor no has comprendido quien es el ser que te ha dado el privilegio de ser un ser:
Pobre ser, crees poder encontrar en el horizonte el cielo,
pero si aun no te aceptas como un ser,
¿Cómo vas a encontrar a ese ser supremo si no lo has entendido?
El que te creó a tí y todo lo que puedes ver y contemplar,
abre tu mente, descúbrete a tí mismo,
para que puedas ver lo que se ha puesto ante tus ojos,
abre tu mente, descúbrete a tí mismo y así puedas comprender
la inmensidad del creador que en sí es un solo ser.

Tus ojos 10-30-04

Quisiera encontrar en el color de tus ojos,
la inmensa dimensión del amor,
que haciendo vibrar mi corazón,
llora canta y ríe al ver en el fondo de tus ojos la inmensidad de tu alma,
que me hace sobrevivir con amor y pasión la vida misma,
y aunque el tiempo pase, tu amor haga perdurar la intensidad de vivir,
enamorado de ti y con el corazón abierto llenarlo de recuerdos de cada instante
vivido a tu lado;
Las lágrimas brotan solo por la nostalgia de cada paso dado a tu lado,
ya que cada uno llenó mi alma y mi corazón de amor por tí,
y es ver en el fondo de tus ojos, el tiempo por venir,
para seguir llenándolo de amor,
y para que cada día me lleve junto a tí pleno de amor hasta la eternidad.

Vuelve   10-31-08

Las lágrimas corren por mi rostro como en un torrente de agua,
al verte tan distante,
ver como las tardes pasan,
ver y esperar a cada amanecer tu regreso,
y mi ser sigue en la tristeza al no ver tu rostro volver,
saber que no puedo salir a buscarte, pues no se a donde ir en tu busca,
y solo las lágrimas siguen corriendo en mi alma al esperar cada día tu regreso,
solo el consuelo de pensar que no sea mi destino el no volverte a encontrar,
me hace pensar en resignarme al pensar en si no vuelves a mi,
es porque acaso la muerte te arrebató de nuestro camino,
y que si, entonces es la realidad por la que no veo tu regreso,
Por eso invoco a Dios por encontrar una señal que saque de mí esta tristeza en
que vivo esperando tu regreso.

El frío   11-02-08

En el frío de un atardecer quisiera inspirar mi mente para escribir mis pensamientos,
pero es precisamente el que congela mi mente,
y solo el calor del corazón puede hablarte,
es como querer expresar la belleza de esos colores que adornan el espacio,
que aun en el frío se ven tan hermosos pero a la vez tan inexplicables,
y aunque el viento corre por mi cuerpo, el voltear al cielo encuentro la inmensidad de un universo plagado de bellezas,
pero insisto, mi mente congelada no puede inspirarse,
solo el cantar de las aves,
las sombras de las plantas al moverlas el viento,
el brillo tenue del sol me hacen sentir que con frío y congelados mis pensamientos mi ser está vivo en este frío atardecer.

El dolor   10-20-04

¿Cómo cerrar los ojos ante el dolor?
Dolor que se refleja en el rostro,
dolor que amenaza tu vida,
dolor que no puedes mitigar,
y que te hace voltear al pasado,
aquel en que la vida era plena en salud,
que los sueños, fantasías y amores los podía uno tener,
cuando cada día hacías toda una vida en un día,
cuando de cada día podías llenar tu alma y tu mente de grandes momentos,
cuando de cada día podías llenarte de triunfos y conquistas,
cuando de cada día podías llenar tu vida de riquezas,
entonces como cerrar los ojos ante el no futuro,
ante el gran dolor que ahora, día a día mina tu vida,
y solo la esperanza de lo desconocido te guía,
entonces ¿cómo cerrar los ojos ante el dolor?

Sin talento   10-22-04

Llora ahora mi alma,
al ver tantos niños con talento,
que entonando canciones hacen vibrar el alma de amor, alegría o tristeza,
y llora mi alma,
porque ahora soy yo, ya no el niño que pudiera convertirse en estrella,
sino que ahora soy el viejo que entre su publico,
siente el fracaso de no haber tenido el talento de esos niños,
y solo me queda sonreír y aplaudir ante lo que yo no fui,
y que difícilmente tuviese tiempo en esta vida para desarrollarlos.

Tu música   11-02-04

Tu música hace vibrar mis sentimientos,
y queriendo entender el significado mismo de la música,
solo siento el desembocado vibrar de mis sentimientos,
que confundiendo la emoción, la alegría, el amor el llanto
solo siento el impulso de cantar fuertemente a la vida,
y poder coordinar mis sentimientos en pensamientos que expresen,
lo que tu música hace vibrar en mi alma,
y con la suave rima de tus notas, se forma en mi mente la composición de palabras,
que al igual que tu música, expresen toda una sinfonía hacia el amor, la vida,
o a tantas sensaciones que inspiren,
que arrebaten de mi mente, la tristeza o las lágrimas,
pero que también siembren de paz, amor y alegría mi pecho y mis sentimientos,
y así viendo en los ojos del ser amado,
la intensidad de un amor conjugado en bellas palabras,
como es así tu música.

A la vida

12-0104

Empecé a escribirte vida, y con los sonidos de una guitarra
evocar los años en que todo era un no sé,
pues eran los años de aprender,
los días en que podías componer tu vida hacia un futuro,
que en su momento no veías lo incierto del mismo,
pero oh vida que momentos tan grandes me hiciste vivir,
soñar en cada nuevo amanecer que convertiría mi vida en una nueva aventura,
que llena muchas veces de emociones, triunfos, alegrías o amores,
también tuvieron momentos de intenso dolor, angustia y desesperación,
por eso vida, ahora no sé como escribirte, para llenar los espacios que ya no
tienen esas aventuras,
y solo ahora los acordes de instrumentos musicales entretienen mi existencia,
y la vida para mí se está tornando árida y lenta,
tal pareciera que no volveré a ver un nuevo amanecer,
¿Qué es tanta tu crueldad, que solo en la juventud nos haces vivir intensamente?
convirtiéndonos ahora en seres sin futuro,
sin nada por qué o quien vivir,
entonces vida como esperas que continué escribiendo.

A mi madre

11-015-04

Oh madre amada,
¿Cómo invocarte?
Si al tratar de recordarte es como ver las aves pasar a lo lejos y tan rápidas
y ver que así se vuelven los recuerdos, lejos y fugases,
pero aun así mi alma sigue infantilmente de tu mano,
y el solo pensar en ello me hace crear nuevos momentos, que a tu lado se volverán,
en inmensos y maravillosos recuerdos,
pues tu sonrisa y tu mirada me impulsa a seguir dando los pasos,
que en esta vida solo de tu mano, se pueden dar,
porque siempre fueron bien guiados por tí,
y con el calor de tu mano, no hay camino que no se pueda andar.

Con tu música   11-15-04

Como quisiera danzar al compás de tu música,
pues hace de mí como una ave, y me hace volar en mis pensamientos,
como si me encontrara en un paraíso de amor color y dulzura,
tus notas hacen vibrar mis sentidos y mi corazón se agita en un entorno de dicha,
que solo tu música produce en mí,
como no enamorarme de tus notas que nos hacen volar por el firmamento y
soñar en lo increíble,
en la gloria de Dios y el amor que en él encontramos,
trasladando nuestras almas en ese inmenso mundo que es su gloria,
y no siendo tanto mi conocimiento sobre eso,
trato de formar las palabras que entonen mis pensamientos con tu música, para
lograr crear en nuestras mentes tantas ideas,
y así trasladar todo ese encanto a nuestra imaginación,
que de nota en nota produce, infiltrándose en nuestros sentimientos la armonía
y el encanto por vivir en esos sueños de amor y fantasías.

Una noche de lluvia 11-18-04

En aquella noche oscura y en medio de una fuerte tormenta, del otro lado de mi camino,

te vi parada esperando un no sé qué, ya que la lluvia te cubría toda, al acercarme a tí para ofrecerte mi ayuda, ya que al verte mojada y triste, vi en tu rostro la desesperación,

y cuando por fin aceptaste mi ayuda, el escuchar como la vida se había ensañado contigo,

marcando la desgracia en tu ser, el ver tu rostro mojado y lloroso, quedó en mi la huella

que sembraste en mi alma,

el tocar tus labios con mis dedos abrió en mi corazón la emoción, y aunque tu presencia solo fue momentánea, se quedó tan marcada que hoy cuando camino en medio de tormentas, buscan siempre mis ojos el encontrarte en mi camino, como aquella noche,

y ver si esa imagen que dejaste en mí la pudiera convertir en un acto de amor, que transforme nuestras vidas y pudiese borrarse de tu ser la desgracia,

por eso me encanta ver llover, por que quizás si te encuentro me harás ver que no fuiste un fantasma.

Maldad y dolor　　　　　　　　　　　11-20-04

En cada día que pasa, siento el dolor en mi cuerpo y en mi alma,
siento que las tormentas son cada vez más intensas, y que llenando de angustias
y temor veo que no se disipan,
ya no veo esos hermosos rayos de sol que después de cada tormenta se dejan ver,
pues en mí la tormenta está solo produciendo el deslave y quebranto de mi ser,
por eso al recordar aquella corona de espinas en tu frente, oh, Señor, me digo a
mi mismo
que el entorno de seres que nos rodean, están llenos de maldad e insensibilidad,
nada los conmueve ante el dolor y solo te dejan fallecer en sus sistemas de vida,
por eso mismo te pregunto Señor, si tan solo en el simple tallo de un rosal
esculpiste
cada detalle hasta el filo de una espina, el color de sus hojas, la hermosura de sus
pétalos,
¿Cómo es posible que a nosotros que aun llenos de perversidad y maldad, no
proveíste de espinas a nuestros cuerpos y almas para defendernos de la maldad
misma?
Pues como las flores no todos estamos llenos de maldad y sí divididos vivimos,
ya que a unos la maldad les brota a torrentes y otros quisiéramos poder
defendernos de tanta maldad.

La anciana 12-01-04

Ver el pesado de tu caminar,
ver que ya de una silla de ruedas te ayudas para caminar,
ver que ha caído en tí el pesar de la vejez,
ver que en tí los dolores empiezan a llevarte al final de tu camino,
verte es pensar,
cuán efímera es la vida,
cuán efímeros son nuestros sueños,
sueños de grandeza quizás,
pero al fin efímeros,
ver cuán efímera es tu vida juvenil,
ver y comprender lo que tantas veces nos negamos a ver,
la vida es efímera y pronto, muy pronto tú, yo y todos caminaremos como ella,
como esa anciana que se ha cruzado por tu camino, también tú muy pronto te verás igual
con el pesar de la vejez y de la muerte,
pero que quizás nos conlleve al paraíso eterno.

Tierra mía   11-23-04

Qué distante te encuentras,
al ver el entorno que me rodea,
ver las tardes con esos esplendorosos rayos del sol,
ver el esplendor de las rosas brotar,
vívidos sus pétalos llenos de color,
intensos paisajes que me rodean llenos de vida y color;
Pero es precisamente tanta belleza,
la que me lleva a pensar en lo distante que te encuentras tierra mía,
que es precisamente la nostalgia de haber nacido, crecer, amar, y vivir en tí,
el que ahora no me deja llenar mi alma del todo el vivir aquí,
la nostalgia y los recuerdos agolpan mi corazón,
y el solo pensar en volver a tí, mi alma se llena de esperanzas,
de volver a vivir con toda la alegría de tu belleza tierra mía,
que en mi pasado viví en tí con tanta alegría,
marcaste mi mente para no poder llenarla con otras imágenes,
como las que viví en tu suelo, nada puede compararse,
la nostalgia empaña toda nueva imagen o sonido,
y solo el deseo de volver a tí, aclara todo en mí, llenando mi existencia de esperanzas
de revivir todo lo que viví en tí.

Tu inocencia

11-08-04

La inocencia de tus palabras,
la frescura de tus sentimientos,
las lágrimas que de tus ojos brotan,
me hacen pensar que aun en el mundo podremos encontrar el candor y la inocencia
de un amor verdadero y puro,
dispuesto a sacrificar el todo por el todo,
que el blanco de una rosa no se puede comparar con la hermosura de tus
sentimientos
ya que con la frescura e inocencia de los mismos,
pronto muy pronto encontrarás el amor verdadero.

Oh juventud   11-24-04

Brillas y deslumbras con tu juventud,
en un mundo en el que solo se admira la belleza,
¿Pero te has dado cuenta?
Que tu belleza es solo juventud,
que tu energía se puede quemar,
que tu salud está rodeada de miles de enfermedades,
que tan solo un momento de felicidad juvenil,
te puede enfermar de muerte,
que la pasión que da la juventud en la velocidad de vivir,
así también en un segundo te puede matar,
ve en la juventud el momento de vivir intensamente,
pero con toda la sabiduría y la experiencia que el mundo te ofrece,
no quemes tu juventud y tu belleza en la ignorancia de vivir por vivir todo en un
segundo,
piensa que todos podemos tener un futuro,
y en ese futuro puedes encontrar tanto que descubrir,
tanto que aprender, conocer, descubrir,
tanto que el tiempo se te hará humo,
con tus experiencias, tus logros, tus triunfos, la vida se te va hacer tan corta,
que vas a darte cuenta que quizás nunca tuviste juventud,
sino una vida que vivir,
en la cual tu brillo deslumbró por toda tu vida, en este mundo que vives hoy,
y que mañana solo será nostalgia y pesadez, porque tu juventud se esfumó.

Tu fría mirada   12-01-04

El color de tus ojos ensombrece mi vida,
y hace que se desborde como un río entre las piedras,
piedras si porque en eso has convertido mis sentimientos,
como rocas frías, grises, de las que ya no brotan vida ni palabras,
poco a poco tu sombra va oscureciendo cada vez más mi vida,
¡oh, torpe de mí!
¿Por qué tenía que cruzarme por tu camino?
Si no eras más que un espejismo,
pues el brillo de tu mirada transformó mi mente y mi vida,
fríamente la convertiste a tu igual,
sin saber que solo el frío invernal rodeaba tu ser,
en tí no había nada,
solo un no sé qué, sin fin

Tu mirada   11-19-04

En el brillo de tu mirada mi corazón se abrió al amor,
y enloquecido por la hermosura de tus ojos,
que con su luz iluminan hasta el sendero más oscuro,
me hicieron impulsarme a amarte con toda la magnitud que mi cuerpo
y mi alma podían,
y así haces brotar la alegría que entona el amor,
haces de mis sentimientos un derroche de emociones,
sueños e ilusiones que solo tus ojos saben dibujar en el camino,
llenándolo de amor y pasión,
son tus ojos los que han hechizado mi alma encerrándola en una nube de amor;
¿Cómo querer ver más allá?
Si en tí está todo,
todo lo que mi alma y mi cuerpo, mi vida misma pueden pedir o soñar,
solo tu mirada lo da todo.

Recuerdos   11-25-04

No puedo dejar de voltear atrás,
de ver todo lo que en nuestros caminos dejamos,
aquellos días en el campo, en las calles,
en tantos lugares que se quedaron atrás llenos de recuerdos
llenos de ilusiones, sueños, amores, pleitos, rencores,
melodías que tocaron el corazón,
que nos hicieron bailar, emocionarnos, llorar, amar,
como cerrar mi mente hacia lo que quedó atrás,
es como cuando en un pasillo unos brazos se extendían y llenos de amor te recibían,
ya fuera de niño, de joven y ahora de viejo,
como no voltear a verlos si estuvieron llenos de todo,
¿Cómo no voltear a ver lo que hemos dejado atrás?

¿Te amé?

Te amé tanto, que ciego de amor,
fue tanto mi egoísmo que no quise darme cuenta de cuánto hacías tú,
por demostrarme tu amor hacia mí,
tu vida me diste,
tu energía,
todo tu tiempo se llenó de trabajo,
y mi amor por tí no lo veía,
si todo fue yo, yo sin ver cuanto tú me amabas,
que a tu manera, sacrificaste tu vida misma,
porque no tenías tiempo para romanticismos,
claro porque no te dí tiempo,
solo te llené de trabajo,
y no me quise dar cuenta de que tú me amaste más que yo a tí,
por eso hoy que has partido me pregunto,
¿Quién podrá amarme como tú lo hiciste?

Quisiera conocerte   11-25-04

Sueños, fantasías, ilusiones,
deseos esperanzas, ansiedad del corazón por amar,
pero, ¿Cómo llenarlas si tu no llenas esa imagen?
busco en tí, en tu figura, en tu mente, en tu corazón,
y no lo encuentro,
háblame más de tí, que quizás te falte amarme para sentir la otra imagen tuya,
esa que pueda embelezar todos los sentidos,
y llenar el alma, el corazón de amor y deseo,
que haga voltear mi alma y mi ser a lo más bello de tu imagen,
y llenarla en toda su plenitud,
que ni el tiempo ni el espacio, dé entrada a ninguna duda,
ni por tu amor ni por tu ser.

Vivir

Agolpa mi mente el misterio de lo desconocido,
si por encontrar la razón de vivir,
y sin ver un camino, una luz, un sonido,
mi mente se agolpa en un mar inmenso de dudas,
quién, qué, cómo,
¿Cómo encontrar las razones?
Creo que mi pequeñez ante la grandiosidad de la vida,
no puedo entenderla,
por eso mi alma y mi mente se agolpan lleno de dudas,
es tan pequeña mi mente,
que no puede alcanzar a ver tanta maravilla que la vida misma tiene,
y aunque día a día trato de descubrir nuevas ideas,
creo que nunca podré alcanzar a comprender su misterio,
albergas tanto detalle que por más que observamos es imposible captarlos todos,
o siquiera comprenderlos.

Mis pequeñas

11-30-04

Nunca antes contemplé un atardecer o un amanecer,
como hoy lo hago aquí,
ver cómo los rayos del sol iluminan cada vez menos al atardecer,
las hojas de los árboles, las flores las casas y en el horizonte poco apoco
sus rayos van desapareciendo,
pero en mi mente, vuelven las imágenes del pasado,
de aquellas vocecitas,
de aquellos sus llantos,
que en su pequeñez de niñas sostenían sus manitas de las mías,
cuando de mi mirada la tornaban en sonrisas,
hoy que el tiempo ha pasado y que así como en aquel entonces,
solo viví los momentos,
hoy mi alma llora por volver a ver y oír lo que nunca podrá repetirse,
sus vocecitas, sus sonrisas, sus figuras tan pequeñas,
solo ver ahora el atardecer o el amanecer,
es lo que hoy me hace comprender que esos,
si se repiten cada día con toda su belleza,
pero el pasado jamás,
y por eso ahora mi alma llora por esos momentos de mis pequeñas,
que ya no volverán.

Orgullo

Laceran mi mente esas palabras tan vacías,
que pregonan orgullo,
orgullo sobre actos tan viles e infames,
que no, no puedo dejar de sentir un vacío infinito,
ante tanta atrocidad,
y yo mismo me pregunto,
hiriendo en lo más profundo de mí ser,
¿Cómo es posible pregonar orgullo?
Cuando se ve a toda luz la infamia de sus actos,
duele saber que entre nosotros mismos existan seres tan corruptos,
cobardes, e infames que por falsas riquezas entreguen lo más valioso,
que se puede tener, la vida de los demás, su identidad misma,
y todo por falsas riquezas sin importarles a quien maten o destruyan.

En tu canto 12-01-04

Me estremeces al oírte cantar,
pareciera que tu canto es como un rezo al cielo,
clamando por ser escuchado,
esos cantos que como el tuyo se eleva y se acumulan en el corazón,
es un cúmulo de ternura y emoción,
y que de tus manos nos conduces a través de tu mundo,
que lleno de melodías embelezan el alma y los sentidos,
es tan bello tu cantar que hace cimbrar todos mis sentidos,
y a mis sentimientos, hasta las lágrimas de emoción o de alegría con tu canto,
son tan bellos tus cantos que como el Ave María te hacen estremecer en un sin
fin de pensamientos, que pareciera que lo llevas a uno a volar entre las montañas,
y elevándolo a uno al cielo mismo,
no hace uno más que cantar en coro a tu lado como si estuviéramos orando al
cielo.

Paso a paso   12-01-04

Paso a paso me llevaste por este tu camino,
rodeado de tantas emociones y aventuras,
cada paso significó como marchar en un desfile,
en donde a cada paso hay una emoción,
un grito, un sueño,
todo me lo hiciste ver y notar en todo su esplendor,
que no dejaste ni un solo detalle se perdiera,
y me hiciste vivirlos en todo su esplendor cada paso dado,
¿Seria posible que me dejaras volver?
para conocer más de tu esplendor,
y poder vivir en otros caminos que tan llenos de maravillas,
como los que me hiciste vivir,
oro a ti, oh Dios por volver a caminar por otros caminos,
que también me permitan admirarte y amarte más,
¿Podrías darle a este tu pobre hijo, la oportunidad,
de volver a vivir tanto aquí o en tu gloria?

Tu belleza 12-02-04

Al seguir en tu corazón y tomar de tus labios cada beso,
es ver como se convierten en brillantes por la luz que se desprende de tus labios,
al besarlos rompes con tus labios cualquier tristeza,
y la conviertes en un brillante lleno de sonrisas,
entornando el ambiente en dulces aromas,
y lo encantas a uno para solo ver el encanto que de tí emana,
que es como estar en un sueño de amor,
al besar o tocar tus labios se convierte en toda una aventura eterna,
es la pasión y emoción más grande que tus labios inspiran en mi alma,
como no amarte si también tus ojos lo cubren todo,
y solo con la belleza de tus ojos me envuelves en tu alegría.

Tu voz   12-14-04

No dejes que de tu boca emane veneno,
ni permitas que tu lengua se convierta en daga,
que solo sangre y dolor convierten la vida de los demás,
desenvena tu alma y tu mente,
conviértelas en la voz de la esperanza,
haz que de ella emanen los sonidos que hagan enternecer el alma de los demás,
permite que de tu voz suene como un coro,
que si del cielo te dieron la habilidad de hablar,
haz que se oiga como parte de un coro de Ángeles,
no, no dejes que de tu voz convierta los sentimientos de los demás en odio y
rencor
encargate a tí mismo,
de tu boca solo amor.

Tus sentimientos   12-03-04

Cómo hacer sentir en tí lo que yo siento,
cómo despertar en tí tantos sentimientos,
cómo los que de mi alma brotan,
cómo hacer que en tí broten,
cómo en mí, que brotan como un río,
ya que de mi alma brotan como un océano inmenso de amor,
dame una señal,
hazme pensar que sí, que de tu alma brotan sentimientos más intensos,
y que tus anhelos por amar se pueden descubrir,
y que al desbordarlos serán tan intensos o más que un océano,
y que nos hará pensar que solo somos un solo ser,
y que no solo yo siente los deseos por amarte.

Falsedad

Como me duele ver a esos seres tan humanos,
esos seres que pregonan ternura, amor y comprensión,
pero tan capaces de destrozar matar con toda saña y sin compasión,
sin importarles si son niños o adultos,
matan porque ése, dicen es su deber,
porque están comprometidos a defender la tierra que los vio nacer,
sin pensar que ese pedazo de tierra es parte de un todo,
sí, de un mundo que ha sido formado sin fronteras ni nombres,
ya que día a día se transforma y convierte tierras en lagos,
mares en desiertos o bosques en desiertos también,
¡Ah! Pero esos seres que en él viven, lo han dividido,
y sin importarles el llanto y los gritos de dolor sean de niños o de quien sea,
ellos destrozan, matan, dizque por defender su tierra,
pero lo mas absurdo es ver que esos niños que hoy sufren la crueldad de las guerras,
pronto serán ellos los mismos que sin compasión mataran al igual que sus ancestros,
por eso, Dios mío pregunto,
¿Hasta cuando les abrirás sus mentes?
Para que vean que son seres inteligentes,
pero que aun siguen actuando como animales,
sin compasión, ni ternura ni remordimiento ante su propia maldad,
¿Hasta cuando comprenderán que este mundo lo hiciste para que lo compartiéramos todos sin distinción de razas, credos o lugares?

Un café

12-015-04

En el aroma de un café,
se despierta en los sentidos,
y con el ansia misma,
de su olor quisiera inspirar en tí,
lo que a mis sentidos su aroma impulsa,
que me llevan a ver en tí la pasión,
es como si de sus aromas,
hiciera desprenderse de tí tus aromas,
que de la belleza de tu piel misma produce,
para incitar con amor y decir,
¿Saboreamos una taza de café?
Que el amor nos espera,
y nos dará el mismo placer,
que nos da nuestro amor saboreando un café,
te invito un café, ¿aceptas?

Nuestro amor

1-2-05

Quisiera limpiar mi mente y mi corazón,
para poder encontrar palabras que puedan convertirse en llaves,
llaves que abran tu alma, tus pensamientos o tus sentidos,
para que pueda hacerte ver lo que mi mente ve,
llena de fantasías y así me revele ante tí lo que tu imagen es para mí,
ya que en mí tu imagen se forma en ideal,
entre lo más puro,
que se refleja en el candor de tu sonrisa,
la alegría en tu mirada se puede leer cuan grandioso es tu ser,
vamos abre tu mente y déjame escribir en ella cuanto te amo,
déjame grabar en ella las mejores esculturas de amor que se puedan hacer,
y después convertirlas en los más inolvidables recuerdos de la intensidad con que
te amé
y que ni la eternidad pueda borrar de nuestras almas,
lo que en esta vida grabamos en nuestras mentes,
y que nuestras vidas se fundan en una sola imagen,
la de nuestro amor.

Perdido 12-1-05

Perdido estoy en el jardín de tus cerezos,
perdido estoy en el embelezo de tus besos,
perdido y hechizado estoy ante tus ojos,
suave como en un vaivén, me llevas en tu andar,
que como en una sola figura voláramos en el viento,
al dejarme llevar por tí, déjame perderme en tu mirada,
déjame sentirme hechizado en la profundidad que tus labios producen,
y enciende mis sentidos con el aroma de tu cuerpo,
déjame perderme en el océano de tu amor,
que no puede haber mujer alguna que provoque mis sentidos,
que hace fundirme en tu amor como tú lo haces,
que transformas mi vida, mi alma y mi ser en la más eterna comunión por tí,
no hay pasión como la tuya,
nada se compara a tí,
tienes ese embrujo en tus ojos que hechiza mi alma en tu amor,
tú eres la representación de lo más bello que en esta vida se pueda encontrar,
y quizás hasta en la misma eternidad,
con tu amor haces que el tiempo, los años se fundan en un segundo,
ya que es así como la vida a tu lado se conjuga,
solo amor sin sentir el tiempo pasar,
quizás ni la muerte sentiré amándote,
por eso estoy perdido deseando vivir y morir con tu amor.

¿Tanto para que?   3-3-05

Subí cada peldaño que la vida me marcó,
en cada uno estuvo lleno de tantas tareas,
hubo lágrimas, desvelos, sangre,
en otros fue tan peligroso que el solo pensar en continuar subiéndolos,
me llenaron de temor,
sin embargo continué,
en ese subir la vida se fue complicando más y más,
y aunque tuve amores y alegrías,
la carga en cada peldaño fue aumentando,
y seguí uno a uno ascendiendo,
cada vez más y sin darme cuenta,
mi cuerpo, mi cara, mi pelo envejecían,
y hoy que casi he logrado llegar,
que cargando tanto sobre mi espalda,
cansado y herido a punto de caer me pregunto,
¿Tanto para que?
¿Qué hay en la cima?
Qué nos hace subirle sin rendirnos,
¿Acaso el triunfo, el orgullo, el amor, o será la muerte?

Tonto soñador

11-18-04

Te creíste, sí de todo te creíste,
¿Y con el tiempo que encontraste?
Solo piedras donde creíste ver diamantes,
solo arena donde creíste ver bosques,
y hasta creíste que las rosas estaban llenas de hermosura y placer,
¿Y qué encontraste?
¿Acaso ya te viste las manos llenas de sangre?
Porque, tonto soñador,
¿Ya te diste cuenta que las rosas tienen espinas?
¿O qué, no fue la vida como la soñaste?
¿Te creíste verdad que todo era como tú lo veías?
¿Y hoy que, ya despertaste tonto soñador?
¿O te vas a morir soñando en lo que nunca fue real?
Porque este mundo es de realidades que arrastran las cadenas de una vida llena
de dolor,
y no de fantasías,
la soledad te hará despertar y ver la crueldad con que hay que vivir,
en este mundo de realidades y no de los sueños con que crees ver la vida,
y si no deseas ver la realidad que en esta vida hay,
ya te harán sangrar tu alma y tu ser por el solo hecho de vivir,
y veras que esto no es el sueño que te imaginas.

Volver a empezar

Si tan solo se pudiese cambiar esos minutos que marcaron nuestras vidas,
si tan solo fuera posible cambiar esos momentos,
esos en que mi ser buscaba en tí que se hiciera realidad ese sueño de amor y
entrega tan esperado,
brotaría un mundo para los dos tan diferente al que hemos vivido,
si tan solo hubiera sido ese primer momento sin nada que nos ensombreciera a
nuestro sueño de amor que empezó una fría pero inolvidable noche,
que por primera vez mis ojos descubrieron en tí el amor,
ese amor tan profundo que me hacía inspirarme y soñar,
soñar con tantas fantasías e ilusiones,
pero que una absurda realidad ennegreció nuestras vidas,
y las llevó por un camino tormentoso y triste,
si tan solo se pudiese cambiar el pasado,
pero no, no es posible y hoy esta realidad quizás solo nos lleve por caminos
inciertos,
que como hasta ahora hemos caminado.

OH tristeza 1-2-05

Qué tristeza es para mí el saber que no puedo tocar en tu corazón,
y hacerte sentir con la misma sensibilidad con que mi alma y mi corazón sienten
cuando los toca el amor,
son tantos los sentimientos tan profundos que se despiertan en mi,
cuando al escuchar melodías que parecen abrir el espacio al sonar como voces y
cantos del cielo,
que inspiran en el alma las más profundas palabras de amor que muchas veces
mi boca y mi mente no saben expresar,
por ese remolino de palabras que brotan como un río incontenible de emoción,
pero que quisiera a veces llenar tu alma y tu ser al igual que en mí llenan esas
melodías
de palabras de amor que haga vibrar tú ser como a mí,
pero ¿Cómo? Si veo que tu alma parece ser insensible,
como si nada la conmoviera ni el amor mismo,
¿Será acaso que nunca fue a mí quien amaste?
O que realmente tu alma no sabe amar.

Luz y sombras   11-05-04

Fuiste como una estrella que bajó del cielo,
y tu luz gravó en mi alma y mi corazón tu imagen,
tu temblante voz entró en mis oídos,
y como si una sinfonía tus dedos estuviesen tocando en un piano,
tu voz se marcó en mis pensamientos adueñándose por siempre de tu voz y de tu
imagen,
pero oh, tristeza la muerte en tu rostro hirió mi alma de muerte,
desde que ví tus ojos sin vida,
tus labios inertes,
hoy solo sombras y dolor giran en mi mente,
y así como una estrella bajaste,
así mismo te perdí en la oscuridad de la muerte
¿Te volveré a ver?

Gaby

9-12-04

De repente sonaron las voces de tu próxima llegada,
y sin conocerte mi alma te esperaba,
pasaban las horas y la angustia crecía,
y la misma desesperación me impedía dormir,
y por fin las voces expresaron la alegría de tu llegada,
las horas de la noche habían pasado,
y al ver tu pequeño rostro volteando hacia mí,
tu sonrisa y tu carita quedaron grabadas en mi alma,
y lleno de amor te recibí para cuidarte y adorarte toda mi vida,
Gaby niña mía,
cuánto te adoro hija mía.

Tu luz y mis sombras   8-20-04

Llegaste a mi vida como una luz,
iluminando todas mis sombras,
y comenzaste a sembrar mi vida,
de amor, pasión, ilusión y vida
pero nunca imaginé que la sombra de la muerte nos cubriría,
y ahora que los años han pasado,
tu recuerdo empieza a iluminar tenuemente las sombras de mi vida,
y como en un túnel,
esa tenue luz se va haciendo cada día más brillante,
¿Será acaso tu regreso o que al fin te alcanzaré?

Vivir con sentido 9-24-04

Etapas de amor y sacrificio son la vida,
y entender cada etapa en que a veces la vida se torna en dolor o en alegría,
o en sacrificios,
no, no es posible entenderla,
y sin embargo la vivimos,
y ver que a veces ni el amor llega,
pero sí el dolor del sacrificio de tener que vivir,
cómo entenderte vida,
si solo soy un ser quizás sin voluntad,
quizás sin valor,
débil quizás, pero también ver que te pude vencer,
pues sin darme cuenta me sacrifiqué, amé, odié,
y viví a mi entender,
quizás sin sentido pero viví la vida a mi entender,
quizás sin sentido.

En tu vuelo

12-08-04

Te veo zurcar los cielos,
y siento como te llevas en tu vuelo, mis esperanzas,
mis sueños, mi vida misma,
pues yo ya no puedo alcanzarte,
mi vida empieza a apagarse poco a poco,
dejando escapar en cada aliento,
un momento más de vida que ya no tendré,
cómo quisiera volar contigo,
que me llevaras a tu lado,
tú que en tí brilla la vida,
en tí que suenas como una esperanza,
verte pasar es querer revivir tanto deseo por amar, soñar o vivir,
pero solo veo como en tu vuelo,
poco a poco te alejas como la vida misma,
que se aleja más y más de mí,
haciéndome llorar por lo imposible,
que es volver a vivir a tu lado vida mía.

Sin ecos

30-20-05

La sensibilidad de mi alma me lleva al rincón del amor y del recuerdo,
pero me conduce al amor sin eco, sin respuesta,
a donde nunca los sueños se volvieron realidad,
y tan solo se encuentran a la tristeza y el llanto,
que por la busca del sueño de un amor lleno de encanto celestial,
no me dí cuenta que este mundo está impregnado de una impactante realidad,
que te encajona en ese mundo de insensibilidad,
en el que solo puedes pensar en el amor,
pero cuando está sensibilizado por lo material,
y nada lo hace romántico,
solo te hace ver que el amor,
es tan solo un sueño y no una realidad
que por eso por más que pregones por amor,
no serás escuchado porque es un mundo sin eco para el amor.

En los caminos

2-02-05

Por esos caminos plagados de flores como rosas o gardenias,
tantas flores que impregnan el aire con sus fragancias,
en esas colinas que con sus árboles y plantas colorean en un verde sus hojas,
y en esos caminos los recuerdos brotan y traen a la memoria,
cada paso que dí por esos caminos en el encuentro de la vida,
en esa lucha por llegar al final del camino,
claro radiante y con el esplendor de la gloria alcanzada,
pero al voltear hacia el camino veo que también tiene espinas,
espinas que te hacen sangrar a veces sin sentirlo,
así también en la vida hubo dolor y sangre,
tal pareciera que en la vida como en los caminos,
solo nos fijamos en lo verde de las plantas o en el esplendor de las flores,
y no nos fijamos en todas las espinas y en las plantas,
que en su amargo color también nos espinaron,
pero que en la alegría del vivir,
no nos dimos cuenta,
y así en cada paso también puedes sangrar hasta el alma,
por eso canta, llora, ora a Dios que quizás al final del camino la sangre derramada por tí,
solo aumentará el rojo color de las rosas,
y quizás dé a tu vida el sentido que tu alma busca.

A mis hijas

1-04-05

Han pasado ya los años, los días de duro trabajo,
de aquellos días en que el esfuerzo físico y mental fue duro,
lleno muchas veces de sacrificio,
veces que las heridas, las quemaduras o los golpes por el mismo trabajo
quedaron atrás,
el recordar aquellos días fríos, lluviosos o calurosos,
también quedaron atrás,
también quedaron en la memoria,
el solo recordar las alegrías de esas caritas, que poco a poco fueron logrando sus
metas,
sus sueños, sus ilusiones,
el verlas en sus fiestas, que una a una las disfrutaron,
que una a una recibían sus regalos con felicidad,
hoy puedo decir que quedaron atrás, muy atrás los días y las noches donde
muchas veces
las jornadas de trabajo eran dobles o más,
pero que hoy aunque triste, lesionado y solo,
me siento tan orgulloso de todo lo que hice, y logré,
y aunque quisiera relatar cada uno de los días de trabajo,
que en su momento fueron duros, no, no encuentro palabras para relatarlos,
fueron quizás muy dolorosos,
pero que hoy como un nuevo amanecer en todo su esplendor,
espero ver que traerá a mí el futuro,
y solo puedo decir, gracias hijas mías fueron ustedes la luz que iluminó mi
camino
y hoy, hoy son mi orgullo.

A, E. V. G. A. C.

Mi rostro

11-04-1991

Que triste es verte en un espejo,
y ver que ese rostro que ves, no es el que tú crees tener,
ese que tú piensas que expresa tus verdaderos sentimientos,
que cuando en tí hay romance, amor dulzura, llanto,
tu rostro expresa odio, dolor, amargura, hostilidad,
que lleva solo fealdad,
porque ese es el rostro que todos ven,
por eso digo Dios mío qué rostro tan malo me diste,
que no ves acaso que mi rostro físico expresa fealdad,
aun sin hablar,
que no soy yo el que en el espejo veo,
que yo me siento otro,
y no el que veo y que todos ven.

En tu caminar 12-22-04

De tu caminar suave y ligero,
se torna en una imagen de tí radiante sensual y edificante,
como todas tus palabras que llenan de amor esta vida,
vida que sin tí, se torna en sombras y penumbras,
tu voz rompe la tristeza y embeleza el cielo de luz,
y son tus recuerdos los que lo engrandecen más,
tus besos, capaces de envolverme en el éxtasis de tu amor,
y con tus manos trasmitir el calor de tu cuerpo,
para edificar el más intenso momento de amor,
que solo en tí se puede encontrar en tu suavidad silenciosa,
que solo tú sabes expresar con tu pasión.

Honestidad

05-10-1992

Donde encontrarte si todos se encubren,
como si se vistieran con un manto blanco,
en el que tratan de tapar o cubrir,
el engaño, la falsedad, el robo, la lujuria,
la prostitución, la maldad, la mentira o el crimen,
cómo encontrarte si desde que nací,
todos me tratan con engaños,
¿Qué mal te han hecho que no te puedo encontrar?
que solo veo la falsedad, la hipocresía y la maldad,
¿Qué acaso tus caminos son tan encumbrados, espinosos y malévolos
que nadie puede encontrarte?

Lágrimas de tristeza 12-29-04

De tus ojos brotan tus lágrimas como un torrente,
lágrimas que salen del fondo de tu corazón,
y que pareciera que en un grito clamaran dolor y tristeza,
y te pregunto,
¿Es por amor?
¿Es solo la tristeza inmensa que llena tu alma?
Y que en tu silencio,
solo se expresan por tus ojos brotando en lágrimas,
y es tu dolor tan inmenso,
que como si tus lágrimas quisieran acabar de llenar ese mar inmenso,
como si nadie pudiese aliviar tu dolor,
seca tus lágrimas y deja voltear tus ojos hacia mí,
que quizás yo pueda cambiar tu dolor y tristeza,
en amor y confort para tu alma.

En tu mirada   05-10-1995

Cuando crucé por tu mirada,
ante esos ojos hipnotizantes que con su belleza te enamoran,
y ante esos labios que expresan la mas bella de las sonrisas,
y tu rostro que parece el de un ángel del cielo,
y que decir de tu cuerpo,
que pareciera que fue esculpido por el cielo,
y sí, mi alma cayó profunda y eternamente enamorado de tí,
mi mente empezó a crear un mundo a tu lado,
a llenar mi mente de fantasías, de amor a tu lado,
a soñar con noches que al embrujo de tus ojos,
pudiéramos amarnos sin fin,
sentía el calor de tu aliento,
el suave respirar de tu cuerpo,
Oh, todo se envolvió en ese momento,
en el más intenso sueño de amor a tu lado,
pero oh iluso de mí,
lo que no entendí que solo fue eso,
una simple mirada en la que se cruzó tus ojos con los míos,
y nada más.

Enfrentamientos

12-23-04

¿Como enfrentar este dolor?
si la muerte acecha,
si se ama tanto la vida,
como internarse en esa oscuridad de la inconciencia,
y no saber si volverás a despertar,
que cuando esa oscuridad te ha envuelto,
y al volver sientes la necesidad de aferrarte a vivir,
pues ves lo difícil que es hacer que todo en tí vuelva a la vida,
como enfrentar ese dolor,
si no sabes si al atacarlo se multiplicará más,
cómo enfrentar ese dolor si te atrapa la angustia y la desesperación por vivir,
cuando te empiezas a perder en la inconciencia a la que te lleva ese dolor,
cómo enfrentar ese dolor,
si por más ruegos te sigue agobiando,
y no sabes si mañana despertarás,
pues ese dolor poco a poco te está acabando y solo la muerte lo acabará.

El marco   12-15-04

Cuánta tristeza y llanto llena mi corazón,
pues desde que me enmarcaste en la figura de un padre asesino,
me siento tan desgraciado y no puedo entenderte porque pudiste verme así,
ya que solo fue la angustia y la desesperación de que no deseabas oír consejos,
que lo único que quería decir, era el de apartarte de una desgracia,
que por tu inmadurez pudiese pasarte,
y ahora me siento tan desgraciado,
con tu rencor es que me siento tan desgraciado,
que no puedo más que pedir a Dios que te haga comprender el dolor que siente
un padre,
cuando ve a sus hijos que pueden caer en desgracia ante un mundo que no
perdona errores, y que ojalá al comprenderlo me quites ese marco en que me
pusiste.

Tu voz en sí   01-03-05

Llenas mi alma de emoción,
mencionas que mis palabras ahogan tu pecho y tus lágrimas brotan,
pero si pudieras lo que en el mío ahoga en sí,
tan solo escuchar tu voz,
que es como una fuente capaz de llenar cualquier vacío,
y colmarlo de amor,
me inspira a derramar mi llanto en busca de palabras,
que puedan labrar en tu mente y tu corazón la intensidad del amor
que puede prodigar tan solo tu voz,
y si tan solo tu voz eleva tanto mi alma,
cómo encontrar palabras para expresar lo que sería encontrarme, mirándome en
tus ojos,
que abrirían con su voz la penumbra en que mi alma vive,
acaso podrá haber algo más inmenso en esta vida que compartir tus sentimientos,
que llenos de amor inspiran los más profundos pensamientos de amor,
de mi alma el llanto se volverá incontenible,
si en algún momento tu voz y la luz de tus ojos se perdiesen en el infinito,
no volverte a ver u oír me ahogará en mi propio llanto.

La palabra vida   05-15-1996

Te olvidaste del significado de la palabra vida,
de esa hermosura que envuelve los colores de un atardecer entre los árboles,
de esa felicidad que da el comprender el significado de la vida,
y tú que nos las diste, te veo ahora adentrarte en las sombras del sufrimiento y
de la tristeza,
y en la dureza de tus sentimientos nos quieres hundir ahora en la resignación de
la muerte,
no, no es posible resignarse,
cuando en esta vida hay tanto que crear y conocer,
escuchar melodías que con sus notas nos emocionan y tanto nos hacen olvidar el
tiempo,
como las penas o el dolor, y nos invitan amar la vida,
y si no eres tú quien nos siga enseñando los caminos de una vida plena,
y que al final nos lleve a Dios,
entonces pídele a Dios que nos dé la oportunidad de encontrar sus caminos,
que nos enseñe a apreciar su grandeza en cada pedazo de esta su creación,
y que así podamos seguir sirviéndolo hasta nuestro final.

Por el tiempo

01-10-05

En el suave atardecer me voy caminando por el pasado,
en donde los recuerdos florecen como las rosas en los rosales,
llenos de color y belleza que hubo así en muchos de esos días,
que a veces llenos de emociones, de prisas por lograr tantas metas,
metas que no siempre se cumplieron,
pero que llenaron cada minuto de intensos recuerdos,
indescriptibles diría yo porque se sumaron tantos seres,
que a mi lado compartimos tanto,
horas de intensa agonía, esperanzas, juegos, amores, iras, negocios, empleos,
recordar aquellos los días intensos de felicidad, amor o amargura y odios,
como no recordarlos,
es como ver el esplendor de una flor,
que hasta el perfume que desprende se compararía a cada recuerdo,
pues hasta el aroma se revive en mi mente cada momento que viví,
ya que tuvieron hasta sus aromas en cada lugar que estuve,
y es por eso que ahora al contemplar y oler las flores es ver también como en el
atardecer los recuerdos reviven en mi mente en todo su esplendor,
y que en muchas veces aun siento que debo regresar a terminar algunas de las
metas
en que trabajé y que hoy, que veo el tiempo que ha pasado,
siento que me perdí en el tiempo, y que por eso trato de revivir los recuerdos
porque me siento perdido en el tiempo.

Amarte a tí   02-02-05

Poco a poco vas convirtiendo mis sombras en dichas,
y es porque a cada momento descubro cuanta fortaleza tiene tu alma,
tu palabras llenan cada vacío que hay en mí,
tus caricias parecen esculpir en mi corazón la felicidad por amarte,
noche a noche la dulzura de tu rostro va encubriendo el frío que embarga mi ser,
tu mirada hace resurgir la luz,
y encanta con tu hechizo mi amor,
dedicando mi alma, mi ser y mi amor a tí,
tu frágil figura es como una sinfonía,
tocar cada parte tuya es como hacer sonar los más bellos acordes musicales,
pareciera como si brotara de miles de violines, pianos y miles de instrumentos el
tocar tu cuerpo la más bella melodía,
amarte a tí es amar lo infinito, lo indescriptible,
no dejes que el tiempo borre tu imagen,
pues amarte a tí es no ver el tiempo pasar.

Sin conocerte

02-22-05

No te conozco y sin embargo te amo,
no te conozco y sin embargo te extraño,
no te conozco y sin embargo mi alma te anhela,
no te conozco y sin embargo mi vida sin tí nada florece,
no te conozco y sin embargo ya le exijo al tiempo que te devuelva a mí,
no te conozco y sin embargo cómo te amo.

Yo y mis pecados

3-3-05

Son tantos mis pecados que pesan sobre mi alma,
que cuando acudo a Dios,
en mis oraciones siempre estoy clamando por su misericordia,
porque me dé,
si, me dé, me dé todo lo que yo le pido,
pero y yo hasta cuando podré ver el enorme peso que lleva mi alma,
que llena de pecados no quiere darse cuenta que es eso precisamente lo que en ninguna
Iglesia, con ninguna oración o con ningún ruego podré alcanzar su perdón,
ni menos su misericordia,
es porque a pesar de tantos pecados aun rezándole sigo pecando,
solo me queda pensar en encontrar un camino que pudiese purificar mi alma de tanto pecado,
¿Podrás en ello ayudarme oh Señor?
Ayúdame a encontrar tu camíno,
no dejes que me hunda en el llanto, la desesperación y la oscuridad,
que acabe por destrozar mi ser y mi alma,
ya que vivir en el pecado es de las mas aberrantes formas de vivir,
solo desgracias, maldad, tragedias, dolor, todo lo malo de la vida te sucede.

Mi tristeza 1-4-05

¿Cómo ocultar mi tristeza?
Cuando día a día el dolor me hace entrar en la desesperación,
el solo tratar de evitar pensar en el dolor que cada vez se vuelve en momentos
mas intenso,
o que aun las medicinas poco efecto parecen tener en mí,
y aunque a veces el miedo a que el dolor sea más fuerte me agobia,
es cuando pongo mis manos y mi mente en Dios,
y acompañado por música que tan maravillosa fue creada por los grandes músicos,
es cuando me transporto a ese mundo de los sueños y fantasías, que a cada nota
reproduce en mi mente esos momentos en que pareciera encontrarme volando,
por montañas ríos o mares que haciéndome perder en el tiempo, van abriendo
mi mente a otras dimensiones,
en que el placer, el amor y los recuerdos llenan de intensas emociones mi vida,
que me hacen olvidar hasta que existo,
las ansias de vivir otra vez como en el pasado me asaltan,
y así puedo envolverme en este juego de palabras que trata de expresar mis
pensamientos,
y es por eso que al compararme con otros, que perdiendo la vida u otras veces
agonizando
por el dolor, es que me obligo a mí mismo a buscar otras formas de vida,
donde descubrir o transformar, como esos grandes hombres que realizaron
grandes obras
y así poder dar más de mí,
y aunque poco quede de mí,
no desfallecer que a la vida tenemos mucho que dar.

Tu partida   12-08-04

En el cielo las nubes se cierran y con sus oscuros colores ensombrecen el espacio,
llenándolo también de frío,
frío invernal que calando hasta los huesos,
me hace recordar el momento más cruel,
cuando en medio de una tarde igual,
y en medio de la penumbra y las nubes de tormenta nos anunciaron tu partida,
de esa que nunca más regresarías,
que dejando mi ser y mi alma envueltos en el frío húmedo e invernal,
se tornaron en una pesadilla sin tí,
tu que en tu momento impulsaste nuestras vidas en la luz,
el de vivir intensamente cada día,
que creabas todo un mundo de realidades,
de sueños que se volvían realidad,
a tu lado eran momentos de vivir día a día un amor sin fin,
pero que hoy, sin tí la vida me encierra en ese frío y en la oscuridad,
y que ahora solo espero el momento que quizás pudiese volver a verte,
en donde solo tu luz y tu calor exista en nuestras almas,
pero que no será ya en este mundo,
que solo frío y sombras nos hace vivir,
sino en ese espacio donde todo será luz, y no tendrá fin.

¿Quien fuiste tú? 01-15-05

Supiste abrir en mi corazón la inquietud, la intriga, el desasosiego,
hoy la intranquilidad abate mi ser,
y todo por haberte conocido,
la luz que brilló de tus ojos al verte deslumbró mi alma,
cómo pensar que podría existir un ser como tú,
cautivaste mi aliento con tu aroma,
¿Qué es lo que ví dentro de tí?
De verdad no puedo encontrar palabras,
digo sí palabras, pero que no puedo coordinarlas ante tí,
¿Cómo describir la emoción de encontrarme ante tanta belleza?
tu alma solo infunde amor, paz y un deseo infinito por volverte a encontrar,
tortura a mi alma, mi vida, mi ser, el no encontrar el camino que me lleve a tí,
¿Dónde podré volver a encontrarte?
En el momento que te conocí todo se volvió una eternidad,
y hoy todo es tan triste, tan amargo que parece que el tiempo no pasa,
y el dolor crece más y más al intentar volver a encontrarte,
¿Dónde estás? Vuelve a mí,
no me dejes sentir o pensar que solo en la muerte te volveré a encontrar,
vuelve a mí,
regresa a mí esa luz celestial que en tus ojos ví o,
¿Acaso es que eres la puerta al cielo y mi agonía es tan solo el paso para abrirla?

¿Imaginé?

4-10-05

Quisiera abrir todo mi ser,
el dolor que me invadió fue tan grande,
que hoy a la distancia, la angustia de no poderte ver más ni oírte,
me hace sentir que todo se desgarra dentro de mí,
cuando por primera vez cruzaste por mi camino,
tu rostro, tus ojos, tus labios, tu belleza lleno de luz en ese momento mi vida,
creí que toda la felicidad había brotado al conocerte,
pero hoy me doy cuenta que aunque te tuve tantas veces cerca de mí,
que aunque compartimos tantos hermosos momentos,
no pude ni siquiera tocar tus manos, creí conocerte,
pensé que el amor entre tú y yo crecería infinitamente,
y sin embargo hoy me doy cuenta que quizás, fue solo mi imaginación,
ni te tuve ni te conocí,
creo que todo fue solo un sueño,
que sin embargo no deja de atormentarme,
fue tan indescriptible el verte cerca de mí, oler tu aroma,
sentir el olor de tu cuerpo ver y recordar la belleza de tu rostro,
hace que hoy me sienta perdido en la oscuridad en que dejaste mi vida,
todo es ahora como en una tormenta, solo el frío y la humedad adornan esta
oscuridad
en que hoy vivo sin tí.

Amor

04-10-05

Voltea tus ojos a la vereda,
que quizás puedas iluminar de nuevo mi camino,
pues han sido tus ojos los que iluminaron mi vida,
recordar a cada momento tu rostro,
hace que el camino se torne iluminado,
que la vida se llene de amor,
jamás podré olvidar tu rostro,
¿Oh, Señor por que no volviste a dejarla caminar por mi vereda?
Si con ella la vida se hubiera tornado en el amor real que tú profesaste
para una pareja,
Si era ella la que podría engrandecer tu palabra
Si era ella la que inspiraría la más bella de las palabras de tu religión,
AMOR.

Lentamente

4-2-05

Lentos, muy pausados deben ser mis movimientos para llegar a tí,
Envuelta como estas,
pareciera como si fuera una nube la que te rodea,
con toda tu belleza parece que al apresurarme a llegar a tí,
se disipará esa nube y encontrare que solo eras eso,
una imagen en la nube,
solo los movimientos lentos serán los que me ayuden a llenarme de amor,
para que al llegar a tí me impulsen a buscar toda clase de detalles,
que me revelen ante tí como la imagen que yo veo en tí,
tu encanto deslumbra,
y tu cuerpo con el suave aroma que lo envuelve,
despierta en mí las ansias de amarte,
por eso me digo a mi mismo,
calmado que si en medio de esa nube eres real,
la inmensidad por amarte no tendrá fin.

Recuerdos de amor 5-10-05

Es tu rostro el que me hace pensar que de él puede emanar el gran amor,
que puedo sentir por tí,
y es por tu amor que me lleva a recordar
cada momento en que tus ojos, tus labios llenaron en su momento,
en un romance mi vida,
hoy tocando mi corazón con tus sentimientos,
solo puedo pensar en continuar compartiendo mi vida a tu lado,
para seguir llenándola de inmensos recuerdos,
que graven en nuestros corazones cada uno de los momentos de amor,
que juntos hemos vivido y que viviremos hasta el fin de nuestras vidas,
para que en la eternidad nos una y podamos caminar juntos eternamente,
como en esta vida lo hemos hecho amándonos.

A mi abuela

2-10-05

Cómo golpea mi alma el remontarme a mis recuerdos,
el ver cada detalle que a mi mente viene,
como el recordar verme caminar a los brazos de mi abuela,
lo maravilloso que a mis oídos sonaba su voz alegre de recibirme,
y darme aquellos hermosos días a su lado,
recordarla es como escuchar cantos y melodías,
que a la vez que alegran también nos hacen llorar,
el recordar su aroma su calor en sus brazos,
hacen de mí brotar lágrimas sin fin,
que aun con lágrimas quisiera revivir esos momentos tan hermosos,
momentos vividos a su lado,
el recordar sus flores, sus plantas, sus pinturas,
como desearía poder revivir su hogar que era como un rincón del paraíso,
el solo pensar que pronto pueda volver a sentirme en su regazo me llena de
esperanzas.

En la penumbra   03-15-05

En el caminar de la vida me perdí en la penumbra de la misma,
buscando mi lugar, el amor, el triunfo o la realización de mi vida,
y en medio de esta penumbra, hoy me pregunto,
¿Lo logré?
pero como saberlo si aun me encuentro luchando,
y en medio de esta oscuridad,
busco cada día más, de cada uno de los anhelos,
de las ilusiones de esos sueños de lograr lo máximo,
pero aun sigo tropezando,
y el dolor tanto de mi cuerpo como de mi alma,
me hacen ver que aun no salgo de la penumbra,
y quizás si sigo luchando encontraré la luz,
para ver si todo se volvió realidad o solo imaginación,
¿Lo lograré?

Virgen Maria   12-14-04

Tu que al tener tu hijo y comprender el valor que tiene un hijo,
y al ver como lo sacrificamos,
nos hiciste ver cuán doloroso es para una madre,
capaz de ofrendar su vida misma por la vida de su hijo,
Señora mía,
¿Podrías ver en mí a un hijo?
que sin merecerlo sentiría haber alcanzado el cielo, el universo,
la gloria misma, con tan solo que pudieses considerarme,
como el más lejano, el más insignificante, quizás nada,
pero que pudieses verme como un hijo tuyo.

Pelea

5-10-1993

Procura pelear,
sí, fuerte,
sí, fuerte, pero audaz,
fuerte pero inteligente,

sí, con tus manos,
sí, pero no a puñetazos,
sí, con tu voz, pero no con insultos,

que sean tus peleas por el triunfo,
la superación, la sabiduría,
por la paz, la paciencia,
la armonía y el bienestar de todos,

procura pelear con las mejores armas que podrás encontrar,
los libros, el amor, el dinero, la inteligencia,
la honestidad y la bondad,

pelea fuerte no descanses ni fallezcas,
que el triunfo tiene que ser tuyo,

pelea duro,
pero disfruta de los mejores momentos de tu vida,

pelea, pelea que la gloria te espera.

La muerte   05-24-1994

¿Es acaso, terror, llanto, alegría, o heroísmo?
Cuando niño, tú me acechabas a cada paso que daba,
A cada paso, a cada instante tus manos se extendían hacia mí,
Como en las enfermedades,
¡Si! Ahí estabas tú, y yo en medio del dolor,
Solo exclamaba,
Déjenme dormir, para que se acabe el dolor,
Y si entonces me tomarías en tus brazos,
Solo tragedia y llanto seria para los demás, y claro risa para tí;

¡Ah! ¿Pero en mi juventud?
¿Morir? ¡Sí!
Entonces te gritaba ven,
Ven o yo voy a ir a tí, pues mi muerte podrá estar llena de heroísmo y valor,
¡Oh! Si seré el héroe,
Oh si muerte, ven que si no vienes, yo correré a buscarte, lo intentare todo para
ser un héroe,
Ya que probablemente antes de morir, alguien me podrá salvar,
Y entonces te arrojaré de mí,
Ah, pero si no, entonces sí, seré un héroe y mi acto estará lleno de heroísmo y
todos me alabarán, gritarán de alegría,

¿Pero, qué de la vejez?
Oh no la muerte no, te alejare como sea, pues yo no querré morir,
No, no te querré, y aunque triste, enfermo y solo,
Te exigiré que me dejes vivir, que soy yo, yo el que ahora ama la vida,
Soy yo el que va a derramar lágrimas y dolor,
No, no, vete muerte que yo aun tengo muchas cosas que hacer,
Construir, estudiar, componer, no, vete, que quiero vivir eternamente,
Pero oh, tragedia, como siempre tu vencerás, y ni tragedias, ni heroísmo, ni
dolor, ni vida,
Solo tú, oh muerte.

Te aterra morir

09-27-04

Miedo te da la muerte,
¿Y acaso has aprendido a vivir?
¿Acaso has valorado cada paso que has dado en este paraíso?
¿Acaso te has dado cuenta de la vida que te rodea?
¿Acaso has notado que día a día las plantas y los árboles crecen?
¿Acaso has notado cada pétalo de cada flor que con sus colores y sus aromas nos maravillan?
¿Acaso has notado que en cada nota musical hay una vida llena de inspiración?
que ha sido para crear las más bellas melodías, que hacen que tu ser se estremezca en un sueño de fantasías,
¿Acaso has notado el esplendor del mar?
Que con sus olas nos hacen sentir su movimiento,
Su vida llena de especies, que con su hermosura en colores y formas nos hablan de vida,
¿Qué en el aire vuela toda clase de vida?
¡Oh!, Entonces si, témele a la muerte, porque de la vida, hay que tomar cada segundo para valorarla,
Y hay que saber vivir cada uno de esos segundos que Dios nos da, hasta el final, pero sin temor a la muerte, ya que es de El nuestras vidas.

Desesperación   3-10-06

Solo desesperación e incertidumbre rondan en mí alrededor,
fue tanto el buscarte que hoy pesa demasiado esta soledad,
busqué tanto el amor, la alegría, el porque vivir, que me descuide,
y no ví que los años pasaban,
y hoy, lo que parece aproximarse más, es mi fin,
y es un fin que así como se presenta, se siente tan doloroso y triste,
siento una gran desesperación y tristeza al no poder definir que fue,
¿Que pasó?
Que todo fue tan rápido, que hoy todo es desconcierto,
no sé donde me perdí, la vejez se me vino encima,
y hoy, lo único que puedo hacer, no es más que recordar,
por eso veo que solo la desesperación y la incertidumbre rodean mi vida,
y a la vez en esta soledad,
solo la muerte ronda también a mí alrededor.

Tu frialdad 4-22-06

Doblega mi alma y mis sentimientos la dureza y la frialdad con que tú alma y tú
ser se expresan,
En tí es querer labrar una escultura en el metal con las uñas,
nada conmueve tu ser,
amarte es tan solo un pesar,
ya que tu rigidez y tu silencio pareciera estar amando un cadáver,
frío y sin sentimientos,
¿Qué es lo que habrán labrado en tu ser?
Que pareciera que destruyeron todo sentimiento y bondad en tí,
o será acaso que la ceguera en mí, no me permite ver tu realidad,
realidad que empieza a iluminarme y ver que no,
no eres un cadáver, ni tampoco rígida ni fría,
tan solo es que me ignoras,
porque nada sientes por este iluso ser, que te encadenó a él,
y que tú podrías amar más intensamente,
pero por supuesto, no a mí.

¿Sueños de amor? 5-20-06

Suaves muy suaves son los toques que hace el amor en mi corazón,
y sin embargo brotan de mis ojos lágrimas de emoción al pensar,
en la intensidad de un amor de ensueño,
¿Pero qué es lo que mi alma pide?
¿Por qué no puedo llenar mi corazón y mi alma de amor?
¿Será acaso que no te he encontrado?
Que creo tenerte y no te tengo,
¿O será acaso el temor de llegar a conocerte?
¿O amarte y tener que perderte al decirte cada día adiós?
¿O será acaso el temor de envolverme en tu amor y a la vez perderme en la
profundidad de tu amor?
Y así ya no ver nada que pueda hacerme sentir que estoy vivo,
pues solo el amarte, me lleva al infinito y no veo nada más que tu amor,
por lo que pienso que es solo la muerte la que en este amor de ensueño nos una
hasta la eternidad.

Tristeza y música   4-15-06

Deben sonar tus acordes tan profundos en mi alma,
que en cada uno brilla la alegría,
en cada instante brota la sensación de cantar, volar,
y buscar tus sonidos, que engrandecen en el alma los sentidos,
haciéndome ver en cada rostro un ángel,
como en la sonrisa de una niña que con su manita te señala y te hace sentirte en otro mundo,
en un mundo donde tu música, lo transforma todo como en un paraíso,
por eso te invoco, a producir en mí el transporte a ese otro mundo,
que solo tu música sabe describir,
saca mi tristeza de este mundo y transfórmala al acorde de tus alegres notas musicales,
en los acordes de una melodía que pueda ver tu rostro,
y así como vibran mis sentidos por la música,
así vibre también mi alma al verte y mi corazón se rompa en emociones al oír la melodía que interpretas,
es más lo que tu ser produce en mí, que hace fundir mi alma en la tuya,
como se funden todas las notas en los instrumentos que entonan esa melodía,
que rompe nuestros corazones de emociones,
emociones que nos llevan al llanto, llanto sí, pero de inmensa felicidad,
y es así como se conjuga mi alma y mi ser al ver tu rostro,
y no puedo más que pensar en sentir y desear en conjugarme en tí como en una melodía.

Vivir 4-15-06

Caminando por esos valles a veces brincando o corriendo encuentro tan bellos paisajes,

con las flores, los árboles que la misma tierra produce,

que quisiera encontrar palabras para cantar,

sí, cantar y gritar lo que la vida ha hecho en mí,

pues no puede haber más alegría en esta vida que vivir,

si vivir, tomando cada pedazo del tiempo que nos permita llorar, cantar, reír vivir amando,

pero sobre todo vivir saboreando cada instante, que nos dejan vivir entre tanta maravilla,

pues en este mundo, la vida es tan efímera que pronto se nos acaba,

enfocar nuestros corazones a vivir intensamente cada instante,

ya que así nos dará una vida más larga,

dándonos más de todas las maravillas que este mundo nos da.

Recuerdos que ahogan 3-20-06

Me ahogo, sí me ahoga el llanto con los recuerdos,
recuerdos de cada instante que viví,
de cada día que amé,
de cada día que viajé,
de cada uno de los momentos tan intensos que llenaron mi vida,
el recordar cada camino lleno de tantas emociones y aventuras,
de todos esos momentos que se gravaron con amor con luz,
con tantos llantos a veces infantiles,
pero no de dolor o hambre sino de amor,
y aunque yo no fui el centro de todo si estuve en el centro de todos,
gracias son las que doy al poder ahogarme en mis recuerdos,
y ahogarme en mi llanto por los hermosos momentos que viví.

¿Quién soy?   5-10-07

¿Cómo entenderme a mí mismo?
Si cuando pregunto todos callan o mienten,
¿Cómo saber quién soy?
Si no logro saber quienes son los que me rodean,
si no logro entender sus sentimientos,
¿Cómo lograr conocerme a mí mismo?
Si los puntos de comparación son tan confusos tan falsos, tan inentendibles,
¿Qué soy un neurótico, fracasado, tímido, tonto, inteligente, triunfador,
maniático, romántico, odioso, rencoroso?
No, no lo sé,
no encuentro donde pueda clasificarme,
ya que todos los que conocí fueron tan falsos, que nunca encontré un ejemplo
para entender que era malo o que era bien,
y es por eso que no puedo entender,
si viví bien o mal,
ofrecí amor, recibí odio y rencor,
ofrecí trabajar, recibí explotación,
ofrecí triunfar, recibí fracasar,
ofrecí compasión, recibí humillación,
¿Cómo he de entenderme o conocerme entonces?
Si el asesino dice que con pedirle perdón a Dios será un santo,
¿Será acaso que solo la muerte nos puede clasificar?
ya que solo después de la muerte, es cuando somos reconocidos.

El tiempo   3-22-07

Las horas, los minutos pasan,
corren tan rápido que no nos percatamos de ello,
y los desperdiciamos por cientos,
tratando de encontrar esos no sé qué, que nunca llegan,
deseamos siempre lo que no sabemos o lo que no tenemos,
y no nos detenemos a admirar cada instante lo que la vida nos ofrece,
en la cual puede haber una melodía de amor,
una flor que florece,
un todo que si aprendiéramos a sentir cada instante que pasa,
para llenarnos de tantas obras que engrandezcan nuestras vidas,
y así nuestras almas se pueden llenar de tantas experiencias y recuerdos,
que cada segundo, cada hora lo tomaríamos como una eternidad,
que nos permita amar cada instante que vivimos,
y desear vivir una y otra vez, una vida más.

Para ella

Para ella viviré,
Para ella cantaré,
Para ella amaré,
Para ella seré,
¿Pero para quién?
si no hay una ella por quien decirlo,
si ni siquiera hay quien sus ojos volteen hacia mí,
como tornar mi vida hacia ella si ni siquiera la conozco,
entonces Dios mío porque quieres llenar mi alma, mi corazón,
mi vida misma para ella,
si no hay esa ella,
entonces que creaste en mí que nada llega,
y nada de mí es para nadie,
o solo debo decir,
para ella la vida y nada más.

Nuestro mundo 4-09-06

Retumban en mis oídos las campanas,
pero solo suenan en el vacío,
pues solo mi mente las oye,
y retumban campanas,
que son los recuerdos que tu amor sembró en mí,
cada instante de amor a tu lado,
formó un entorno tan sublime que todo lo encerraste en tu mundo,
y nada veíamos a nuestro derredor,
por eso hoy retumban las campanas en mi mente,
haciéndome ver que me abandonaste,
y hoy si veo que a mí alrededor existe todo un mundo de maldad,
que hoy quisiera absorberme en ese retumbar de las campanas y fundirme en su sonido,
que me haga llegar a tí, o me desaparezca de este vivir.

Mi incertidumbre de vivir   10-8-07

Se derrama el odio y el rencor en mi mente,
la rabia consume mis sentimientos,
y todo por verme traicionado ante la vida,
mi corazón y mi mente de niño,
solo pregonaba amor,
en mí solo pensaba en dar,
luchar por el amor y la felicidad de los demás,
pero en la vida solo se va recibiendo traiciones, dolor y rencor,
no puedes dar un solo paso sin recibir un golpe o un insulto,
y siempre me pregunto,
¿Qué les hice?
Si yo solo ofrecí amor, ayuda,
si solo buscaba reciprocidad,
y hoy solo me reclaman que solo hay odio y rencor en mí,
pero que puedo hacer si todo se vuelve contra mí,
la maldad y el odio con que siempre me ví tratado,
por eso hoy me pregunto,
¿Cómo podré realimentar mi alma?
Si solo he recibido odio y rencor.

Mi imagen

12-1-07

Hoy me siento un payaso ridículo miserable ante la maldad humana,
¿Cómo encontrar de nuevo esa imagen de conquistador, de triunfador?
Si todo se vuelve una derrota,
si todos te olvidan,
si todos te ven con desprecio,
y pregunto,
¿En qué momento, ofendí, maltraté u odié?
Que hoy me siento visto tan mal por los demás,
si nunca he pagado con su misma moneda,
cuando yo solo ofrecí lo mejor de mí,
será que mi idioma no existe,
y por eso nadie me entiende,
¿Serán mis vestiduras las que me ridiculizan?
Porque nadie las usa igual,
¿Será? O ¿Qué será? Dios mío,
¿En qué mundo me has hecho vivir?
¿Es acaso si el de los payasos?
En el que todos se burlan de uno y uno,
¿Debe burlarse de todos?

Enreda 2-10-07

Deja que tus sentimientos se enreden en los rosales de tu corazón,

Para que aprendan a resistir las heridas que producen el amor, al igual que las espinas de los rosales te producen al tocarlas,

Déjalos sangrar que así serán más fuertes, o los desangrarán totalmente para convertirlos en odios y rencores,

y aunque son tus palabras de amor tan hermosas como las rosas que en tu corazón hay,

no quieres entender que tus palabras se enredan en las espinas de la indiferencia y el odio que sienten por tí,

es por eso que debes aprender a soportar la aridez en que vives,

que pronto tus rosales de tu corazón se secarán y ya marchitos olerán tan mal como tú,

ya que es el desamor los que lo riegan,

y es tan solo la muerte la que inundará tu corazón,

pero entonces será demasiado tarde para amar.

Confort 3-10-07

Arreglar palabras para confortar tu alma y llenar de paz tu corazón pareciera ser las más sublime de las misiones,
el encontrar esas palabras que te alienten a encontrar la solución a tus problemas, e incitar en tí la fé,
si la fé ante la maravilla que puede ser tu vida,
si la comparas ante tanta belleza que nos rodea,
pero que en nuestro afán, queremos ver sombras, frío, dolor y tragedias donde no las hay,
si las comparas con la maravilla de la naturaleza que nos rodea,
donde a cada día, a cada instante brota nueva vida,
nuevos colores donde en el horizonte se pierde en la hermosura de sus colores,
donde después de cada tormenta vuelve a brotar más intensamente la vida,
por eso déjame armar palabras, pero que no desalienten en tu lucha de cada instante,
de cada día, que al igual que a tu alrededor debe estar llena de vida y alegría.

El oro   4-10-06

No dejes que sea el oro el que empañe tu vida,
no dejes que el oro doblegue tu ser y tu corazón,
es verdad que hoy el oro es importante para vivir,
pero es el oro el que ha cegado a millones y los ha llevado a la ruina y la muerte,
no dejes que por el oro se destruya tu mundo,
ese que lleno de emociones engarza tu vivir a cada momento,
no lo dejes que destruya en tí, como ha destruído en tantos sus sentimientos,
es el oro el deslumbre que en esta vida nos gobierna,
sin darnos cuenta en tanto amor que nos rodea,
llena mejor tu vista y tus oídos de bellas melodías que traigan otros caminos que
te lleven por una verdadera felicidad,
pues el oro solo es eso una fantasía muy costosa que mata lentamente ya que te
ciega a todo,
y solo te empuja a encontrarlo y como son tantos los que lo buscan,
que no nos damos cuenta hasta vernos en la ruina y la muerte.

Ceguera

9-10-07

Cuanta ceguera nos da el amor,
como no nos damos cuenta de la falsedad,
de la falsedad con que nos dicen amarnos,
no nos damos cuenta, cuánto odio esconden esas palabras que nos dedican,
cuánto odio y repugnancia guarda el falso amor que creímos nos tenían,
toda una vida te dan y en su falsedad cuando uno ama no entendemos, no oímos,
no vemos, cuánto odio se te profesa,
creyendo que es amor lo que vez u oyes,
pero cuando te empiezan a acabar el amor,
comienzas a oír, a ver que ese falso amor que te daban tan solo estaban lleno de
odio y rencor,
como comprenderlo cuanto se enamora uno, que no vez que cada palabra, cada
paso,
cada acto que realizas, creyendo que sembrabas amor,
no veías que tan solo incrementabas el odio que sentían por tí,
pero que por esa razón que nunca sabrás te dedicaron toda una vida de sacrificio,
pero no por amor sino por el odio que te profesaban,
pero que sin importar el precio te acompañaron en tu vida,
eso sí con todo el odio que sentían por tí.

¿Cambiar el pasado?   9-20-07

Cómo cambiar un pasado lleno de sueños que nunca se hicieron realidad,
cuando en el presente solo soledad y tristeza me rodea,
cómo seguir soñando cuando tu realidad es de incapacidad pobreza frustración y
vejez,
¿Cómo seguir soñando?
Cuando también se ha sembrado odios, fracasos y falsos amores,
¿Cómo seguir?
Cuando con aquellos seres con quien soñabas realizar tanto,
Se han ido,
¿Cómo seguir soñando?
Cuando cada día te hiere la soledad y el dolor
¿Cómo poder ver en cada nuevo día que los sueños se pudieron realizar?
Si nada alegra o motiva esos sueños,
Por más esplendorosos días o atardeceres que para uno solo guardan soledad y
tristeza,
¿Cómo poder seguir soñando?
Cuando ya no se tiene nada.

Cada día 8-10-06

Cada día más y más heridas se incrustan en mi alma,
cada día es una más que desgarra y abre más las heridas sangrando cada vez más,
y la soledad hace que no cicatricen,
porque nadie ni nada te ayudan a curarte,
donde encontrarte el amor si mi alma siempre ha sido como una ave perdida,
despreciada, humillada, rechazada con asco,
es acaso que las heridas en mi alma son tan añejas que su olor es ya tan
repugnante que nadie puede acercarse a mí para curarlas,
que debo pensar que lo único que cicatrizara mis heridas es la muerte,
que mi nombre será uno más que en la soledad y la tristeza se olvidará,
que será lo único que me acompañará por siempre en el olvido en que he vivido,
para sumirme en el silencio de la nada y de esa eternidad en la que poco o nada
conocimos el amor y la alegría de vivir.

Mis ideas   12-20-07

De tus ideas se burlan todos y tú no puedes verlas como ellos,
¿Acaso son tan estúpidas e irrealizables que no te das cuenta?
El quererte apegar a la lógica y a la realidad de este mundo,
en el que para los demás tú has sido siempre el equivocado,
no te deja pensar con sentido común del que los demás tienen,
porque el sentido común que para tí es, es siempre el equivocado,
entonces resígnate eres y serás siempre el tonto, el estúpido,
tu manera de ver las cosas en las que tú crees poder salvar el mundo,
o parte de él a los demás nada les importa,
y te llenan de obstáculos para hacerte ver que en realidad,
tú eres el tonto, el estúpido que no quiere ver la realidad en que los demás gozan
viviendo su desgracia de vivir y morir en un mundo que para tí es ilógico,
Pero que para ellos no.

Marcas

7-10-08

Marcada mi alma ha quedado,
marcada como cuando corres en medio de los zarzales,
cada espina se clava en tu piel,
y te deja cicatrices tan profundas que nunca desaparecen,
y siempre te hacen torcerte de dolor,
es así como ha quedado mi alma ante la vida que viví,
una vida que siempre pensé que era una maravillosa oportunidad de engrandecer
mis conocimientos sobre las cosas que Dios creó en este mundo,
pero no pude asimilar mucho porque este mundo está plagado de demasiada
maldad,
injusticias, egoísmos y de tantas malas palabras que no terminaría de calificarlas,
pues deseando vivir para aprender,
me topé día a día con toda esa maldad,
quise comprender que posiblemente la misión en esta vida era descifrarla para
combatirla,
pero te dañan tanto que tu mente y tu alma se ensombrecen y nunca puedes
encontrar esos caminos para combatirlas,
y ahora cuando el tiempo y mi vida casi llegan a su límite me siento tan
fracasado, que ahora que quisiera volver a empezar de nuevo,
ya que con todas las cicatrices es ahora cuando tengo la coraza para buscar lo que
tanto quise vivir pero,
¿Será ya demasiado tarde?
que ahora no siento la fuerza para continuar y poder descubrir tanto que las
ciencias nos puedan ayudar para vivir más.

A tí Santo Padre

04-09-05

Hoy que veo con lágrimas en mis ojos y en mi alma tu funeral,
me remonto a mis recuerdos,
cuando de niño o de joven sabía que solo tú pódias hablar con Dios,
y hoy veo que no me equivoqué,
tu grandeza como su Pastor no tiene límites,
recordar que intenté llegar lo más cerca de tí cuando nos visitaste,
y aunque no del todo hoy siento que siempre estuvimos cerca de tí,
pero a la vez me siento tan infinitamente una nada,
pues mientras yo tuve que concentrarme en lo mundano de la vida,
trabajando para obtener el dinero para vivir,
alejándome tanto de Dios, mientras que tú buscabas propagar amor y paz entre
nosótros,
y hoy veo la grandiosidad de tu obra,
admirada por millones, ricos y pobres, Gobernantes, Reyes o gente de todas
clases todos alabándote,
veo con tanto dolor la envidia que siento al saber que yo no soy nada ni nadie,
solo uno más de los siervos del Señor,
pero que hoy hubiera deseado haber hecho un poco más como tú lo hiciste por
nosótros,
por la Fé, el amor y la paz entre nosótros,
que ahora solo puedo decir,
te veneraremos como el Santo que eres y que serás por siempre.

Sola

Alguna vez tendrás que quedarte sola,
y vas a sentir el dolor que pesa en el alma,
cuando nadie te acompañe,
aprenderás cuánto valor tuvieron,
los que trataron de amarte y que tu despreciaste,
y que hoy son como las estrellas,
solo brillan por la noche, que es como la soledad misma,
ya que solo son eso recuerdos que solo brillan en tu soledad,
pero no por su presencia,
hoy puedes despreciar el amor,
pero que mañana recordarás,
detente deja de despreciar lo que el tiempo hoy te ofrece,
que es como comparar las flores de hoy,
con las flores marchitas de mañana,
es hoy cuando el amor te llama,
mañana será la soledad quien te llame,
piénsalo es hoy y no mañana.

Fríos testigos   12-14-08

Como mudos testigos has dejado mis pensamientos
hundidos en el vacío de la soledad y es que así ha quedado mi alma
y todo por haberte amado con tu frialdad
ya nada enciende la llama de la vida en mí
si has dejado congelado cualquier sentido del amor en mí
y como encender la llama si en tu forma de amar es tan fría como las piedras
y es que en tí nada prende las llamas del amor con pasión,
todo es como el viento helado que pasa a través de tí y nada deja que se mueva
en tu ser por lo frío del mismo viento,
es así como expresas tú, tu pasión, inerme y fría a la que debe tomarse como
cuando estas sediento,
la tomas por que ahí está el agua pero no porque salte a tí con el calor con que
corre por los ríos, así podría comparar tu amor,
lo dejas a uno mudo y frío con tu amor
por eso es que mis pensamientos quedaron mudos con tu forma de amar

Caminos inciertos 12-05-08

La angustia y la tortura no se acaban
mi alma sigue buscando el camino,
camino que no encuentro
porque por donde quiera que voy,
solo encuentro sufrimiento y soledad
no encuentro nada que me ayude a vivir
y reencontrar la armonía en que debí nacer
¿A dónde he de caminar o volar?
Para encontrarme donde debería haber ido cuando nací,
esta vida por la que he caminado no parece tener fin,
solo lágrimas debe uno derramar y mostrar uno solo tristeza,
pues no se acaba la tortura por la que he vivido,
solo golpes, hambre, miserias y mal trato tiene uno que soportar,
ya que ha sido la única forma de vida que me ha rodeado.

Incierto futuro   12-01-

Como es posible aceptar que muy pronto,
tu voz, tus pensamientos, tu vista, el escuchar, tus planes, tu obra,
todo lo que has estado construyendo, todo lo que puedes hacer, pensar, hablar,
recomendar, todo lo que tú crees que en el futuro podrás construir,
pronto muy pronto todo se acabará.
Tu cuerpo, tus ojos, tu vida misma se acabará,
ya nada de tu cuerpo servirá,
ya no podrás vivir más.
Todo lo que has defendido,
por lo que luchaste creyendo en que el bien en que tu creías,
pronto ya no lo podrás defender.
Y lo que hoy es bien para tí, otros lo convertirán en mal diciendo que es bien,
pero que a su manera lo harán entender,
porque claro tú ya no estarás,
ya habrás desaparecido,
y es eso lo que no puedo aceptar al saber que todo se acabará para mí,
ya que nada ni nadie me asegura que podré existir en otra vida.
¿Cómo aceptar esa realidad?
Por la que todos han pasado y que nosotros hemos de pasar.

Enamoraste mi alma 12-02-08

La luz de tu mirada cayó sobre mí,
y con el brillo de tus ojos impactó en mi alma,
la esperanza de encontrar en tí las más bellas ilusiones,
la belleza de tu rostro hizo que en mi corazón se grabara por siempre,
y solo tu imagen llenó mi vida.
Como describir lo que tu mirada enamoró mi alma,
si me hiciste sentir que mi ser se llenaba de ternura y amor,
el recordarte cada día es el mayor anhelo de mi alma,
pues en ese instante que por primera vez te ví.
Enamoraste mi alma.

¿Burlas?

01-07-09

¿Es la envidia, o la burla lo que la gente expresa?
Al ver que te amo,
y que nada nos ha separado a través de los años,
¿Qué puede importarnos realmente la ceguera de la gente?
Cuando ellos no comprenden que nos amamos,
ya que hemos caminado tanto juntos,
que hemos llorado y a la vez gozado tanto juntos,
que hemos hecho tanto juntos,
que en verdad solo parece que es la envidia y no la burla,
lo que la gente expresa cuando nos ve,
porque darnos un beso en momentos tan difíciles,
que al despedirnos con ese beso,
es como si marcáramos con ese beso nuestra despedida con amor ante lo
desconocido,
ya que queremos sellar y encadenar nuestro amor ante la adversidad,
ante posiblemente la muerte,
y que al sellar en ese beso es irnos los dos juntos,
y es por eso, la envidia de la gente ante nuestro amor.
amor que deseamos perdure eternamente
por lo que no nos importan las burlas de la gente,
nuestro amor que juntos nos hemos dado, es nuestro,
y nada ni nadie podrá burlarse, eso si envidiarnos solamente

Ausencia

01-07-09

¿Como rimar la tristeza que siento?
Si tu ausencia rompe todo esquema,
en mí solo, me doblega el llanto,
porque nada rima en mí sin tí,
tú llenas mi soledad,
quitas de mí la tristeza,
ya que solo luz y alegría se ve en tu entorno,
que es lo que levanta mí ser,
y es el verte con amor en todo ese entorno que te rodea,
por eso no logro rimar palabras,
porque sin tí solo tristeza,
contigo solo amor,
el venerarte debe ser con tu presencia,
el amarte debe ser al igual con tu presencia
tu ausencia solo llena de tristeza mi presencia,
nada se puede rimar en la tristeza,
Que deja tu ausencia.

México creo en tí

Porque como dicen tus escritores, eres tierra de valientes y porque en tus entrañas engendraste los mejores seres que hasta ahora no han podido demostrar su valor ya que si Dios mando a su Madre para construir su casa, nos demostró cuán valioso es nacer en tus suelos y ser hijo de tus tierras, por el que al recordar esas batallas en que cientos de tus hijos ofrecieron sus vidas con fervor y valor no por un interés económico, ya que no fueron comandados por seres tan viles que no les importa la vida de nadie, solo sus sucios intereses, por eso al leer la historia de las batallas tan valiosas, como esa en que se peleó por la defensa de nuestra tierra, de nuestra historia y de nuestra gente y no por el dinero, como lo hicieron los enemigos de nosotros, que solo defendían intereses mezquinos y nunca comparable a los mexicanos que defendieron lo más valioso México.

Ver la imagen de miles de seres como defendieron sus hogares por amor a la tierra que les vió nacer, puesto que nuestra tierra no es de inmigrantes traidores, o mercenarios que por dinero dan su vida.

Por eso me llenó de orgullo de amar y haber participado como Cadete Militar de tus escuelas que nos enseñaron a respetarte, amarte y por eso cuando desfile en las ceremonias de los aniversarios de esas batallas donde Indios, ricos, Soldados y gente del pueblo no dudaron en ofrecer sus vidas para defender como el Himno Nacional lo dice, un soldado en cada hijo te dió y que orgullosos lucharon en batallas como la del 5 de mayo de 1862 o en la del 13 de septiembre de 1847, o de tantas en las que no se dudó por defender la Patria. Me sentí tan emocionado en esos desfiles.

Que traidores como Santa Ana que no se tentó la conciencia para venderse al enemigo, cuando se olvidó que representaba a lo más valioso y hermoso de este mundo México, y esperando que nunca más llegue a existir un traidor como él, en el futuro sin luchas militares se pueda reconquistar sus valores y en el transcurso del tiempo con la bendición de Dios nos acompañe para transformar este mundo, que si antes dimos la vida y la sangre seamos el pueblo de Dios que lo represente, que lo que nos inculcó lo llevemos a cabo, el amarnos los unos a los otros y convertir este mundo en el paraíso de Dios como él lo creó en el principio del mundo.

Tu cruel voz

04-08-05

Cómo destruye en mí el sonido de tu voz,
esa voz cruel, fría, llena de tanto rencor y odio,
que por más que trato, no encuentro respuesta a esa crueldad.
cuando siempre puse a tus pies todo el amor,
toda clase de entrega que mi alma te profesaba,
pero esa frialdad tuya hace que todo me doblegue,
¿Como encontrar una respuesta?
Si por más que me adentro en tus sentimientos,
más rechazo encuentro en tí,
en el tiempo puse mi esperanza,
y con todo mi amor esperé ver en tí la luz de tus sentimientos
pero solo he encontrado la resistencia a abrirlos,
y ya el tiempo empieza a pesar en mí,
y al no encontrar en tí el corresponder a todo lo que a tus pies ofrecí,
que fue mi vida entera,
ya empiezo a aceptar que nuestros caminos deben seguir por diferentes rumbos,
no parece que el tiempo y mi amor por tí hayan logrado hacerte voltear a mí con amor,
tarde muy tarde lo he empezado a comprender y entender.

Dudas   o5-22-05

Abriendo todo mí ser,
he tratado de entender que significa vivir,
pero por más que vivo, mis dudas crecen,
¿Qué hago aquí?
¿Por qué vine a vivir en este mundo?
Traté de esculpir una vida, donde hubiera el máximo de aprendizaje,
entender los diferentes caminos que la humanidad me ofreció,
y en todos solo encontré un gran vacío,
una enorme aridez de conocimientos.
todo lo que aprendí poco me dió,
y aunque traté de ofrecer ideas para mejorar o cambiar el vivir,
mis palabras parecían sonar en el vacío,
solo confusión he encontrado,
y ahora que parece acabarse el camino sigo preguntando.
¿Y ahora que?
¿Será realmente otra vida la que nos espera?
Ya que yo no he encontrado nada que me haga pensar que sea cierto,
y que realmente existiré después del final.

Sueños

Suena en mis oídos el suave canto, que hace vibrar mi ser,
y revive en mí todos esos sueños de grandeza, riquezas,
aventuras y tantos sueños,
pero cuando enfoco en el sentido del canto,
me devuelve al fondo de mi realidad,
sentado tan solo en ese rincón donde con la inmovilidad alivio el dolor,
dolor que me ha condenado ya en vida,
y solo puedo pensar en soñar y forjar en mi mente,
si en aquellos viajes y momentos más maravillosos que viví,
y que hoy solo son memorias que me impulsan a querer vivirlos de nuevo,
pero con este dolor y ver que la vejez me está empezando a vencer,
siento perder toda esperanza,
pero aun así siento el aliento por despertar la fe de poder vivir como antes,
aunque el dolor que a veces me doblega mi resistencia me lo impide,
y aun me impulso a seguir soñando,
y es cuando me fundo en la música,
música que me induce a sentirme en medio de todos aquellos recuerdos,
y así sueño que los estoy viviendo uno a uno,
aunque la realidad con el dolor,
me hace sentir que todo no es más que un sueño.

Tus pasos

Ahonda en mis pensamientos la duda de saber,
hacia donde encaminabas tus pasos,
¿Era acaso hacia mí, a Dios o hacia la perdición?
¿Cómo saber si siempre tus pasos fueron vacilantes?
En momentos llenabas mi alma de alegría y amor,
y de repente rogabas a Dios,
o a veces mostrabas tus deseos de perderte,
¿En qué o qué?
Siempre reinó el silencio de tus intenciones,
por eso hoy mi alma y mis pensamientos,
se han llenado de incertidumbre,
nada aclarece mis dudas,
todo se torna tan confuso,
que dejas mis pensamientos en el torbellino de las dudas,
solo quisiera arrancar de mí ese torbellino de dudas,
para poder volver a pensar en tí con amor o liberar mi vida,
para vivir en la libertad de mis sentimientos.

¿Paciencia?

12-12-06

Al tiempo le he pedido me enseñe que es la paciencia,
ante un mundo lleno de rencor, odio, violencia e ingratitud,
pero ni el tiempo ha podido enseñarme nada,
mi alma esta cada vez más y más llena de odio y rencor,
creo más bien que el tiempo me está volviendo más y más a la par de los demás,
que solo maldad y perversidad comen todos los días,
creo que solo en la muerte se puede encontrar ese amor,
esa paz que tanto buscamos,
creemos que podremos vivir así,
amando y saboreando cada instante que vivimos,
pero junto a los demás nos enfrentamos a una absurda realidad,
ya que parece que nadie entiende lo que es amor,
solo entienden su soberbia, su maldad, nada los doblega,
y pocos, casi nadie descubre sus nobles sentimientos,
y cuando uno lo hace, los demás se burlan de tí,
y más brota de ellos su odio, su veneno por envenenar la vida de los demás,
usan a Dios como escudo a su maldad,
por eso me inclino a pensar que solo en la soledad o en la muerte,
podremos encontrar esa vida que Dios quiere para nosotros.

La pobreza

01-14-06

Cómo me empobrece el alma cuando no puedo cambiar la pobreza,
tanto te invoqué ¡oh! riqueza que al no encontrarte,
me impuse el orar y trabajar para así encontrarte,
y con toda la fe esperé cambiar,
pero la vida no cambió,
y aunque la desgracia no cayó sobre mí,
siempre sentí el olvido,
la soledad y la pobreza que paso a paso me siguió siempre,
y al compararla veo que la riqueza ha estado conmigo siempre,
pero al ver con los ojos del egoísmo y la envidia,
que me llenan de pobreza el alma y mi vida misma,
por eso digo que se empobrece el alma,
¿Por qué, acaso he sabido orar?
para agradecer lo que mi envidia no me deja apreciar lo que tengo,
que es como un juego de palabras,
tengo, no agradezco,
no tengo, imploro, oro,
y al final nunca veo todo lo que tengo,
y solo lo único que hago es reclamar.
lo que parece que no tengo,
pero que me sobra como a todos los que no sabemos apreciarlo.

Buscando tu amor   01-02-06

En la búsqueda de tu amor,
mi vida se fue hundiendo en el pasar del tiempo,
en esa búsqueda no me di cuenta del tiempo,
y al no encontrarte mi ser se ha tornado en un vivir día tras día,
mes tras mes,
en año tras año,
y hoy que veo que esa búsqueda se volvió sin sentido,
y que nunca te he encontrado,
es ahora que pienso,
en como imaginar seguir viviendo,
principalmente en esta soledad en que tú me hundiste al no encontrarte.
La pregunta es ¿Qué era lo que buscaba?
¿Un amor perfecto?
No, mi egoísmo no llegó a tanto,
tan solo busqué que me amaras realmente,
si en toda su magnitud,
pero hoy veo que ya no lo encontraré,
el tiempo cayó ya en mi cara,
y ya nada podrá venir a mí.
por la misma vejez que llega a uno.

En tu maldad

04-06-06

Poco a poco fuiste penetrando en mí,
te fuiste deslizando suavemente en mi alma, y en mi corazón,
y poco a poco mi ser se envolvió en tí,
pero lentamente una vez que te apoderaste de mi,
descubriste tu verdadera maldad,
cuando pensé que endulzabas mi ser,
no sabía que era veneno lo que en mi ibas dejando,
que poco a poco destruías mi ser, mi alma,
ibas dejándola en un vacío inmenso,
pronto la soledad, la tristeza eran solo mi compañía,
tú solo quedaste como un fantasma,
que burlándose veía mi total caída,
caída hacia la profundidad del fracaso,
del llanto y del camino que solo conduce a la muerte.

¿Final?

03-10-06

Paso a paso vienes acortando la distancia,
marcando tu paso pronto acabarás con toda esperanza de lograr riquezas,
triunfos, amor,
y sin embargo sigo tratando de aumentar la distancia que nos separa,
amando, rezando, viviendo en la esperanza de lograr nuevos bríos,
nuevos caminos luchando contra toda enfermedad,
pero parece que el cansancio en mí está ayudando a que acortes tu distancia,
y aunque sé que en algún momento me encontrarás,
sigo con la fe de poder vivir más,
para aumentar mi riqueza espiritual,
y ver si equivocado estaba,
al pensar que todo se acaba,
cuando tú nos alcanzas y que con tu frialdad y oscuridad,
nos envuelves en la capa de la muerte,
porque eso eres tú quien nos viene persiguiendo por siempre.

Identidad

Mi identidad eres tú,
tú formaste mi identidad,
y sin tí el viento esfumará mi ser,
¿Pues cómo puedo ser, si no tendré identidad?
Y es por eso que necesito de tí,
porque tú formaste mi ser y mi existir,
sin tí, nada, nada soy ni seré,
te necesito para seguir siendo un ser,
no me condenes al anonimato,
solo en tí mi ser se ha encontrado en este espacio,
solo en tí seguiré existiendo,
tú eres la vida, llevas en tí la alegría el amor y la esperanza de vivir,
solo tú le das identidad a mi existir.

¿Páginas?

01-08-09

Cómo quisiera llenar las páginas una tras otra,

llenas de grandes pensamientos que no tuvieran fin,

pero ¿cómo podré hacerlo? si mis pensamientos a veces se interrumpen,

en otras se pierden en una inmensidad de dudas y dolores,

¿Cómo?, como llenarlas para que quienes los lean se identifiquen con mis pensamientos,

sí, muchas veces parece que estoy lleno de odio,

otras de dudas,

otras de amor,

¿Con cuáles sentimientos podría yo escribir, para expresar todo lo que siento?

Si en otras veces siento que el tiempo se puede terminar y nunca expresaré lo que siento,

todo se vuelve un juego de palabras sin sentido y otras parece que la inspiración viene a mí,

dejándome componer mis pensamientos a veces tristes y otras que no sé lo que digo,

porque mi mente esta llena de incertidumbre al no saber quien leerá mis pensamientos,

y sobre todo ¿los entenderán?

Sentirán lo mismo que yo siento por los cuales los escribo,

y que muchas de las veces es producto de tanta maldad encontrada,

y en otras muy reducidas han sido producto del amor,

y en otras han sido producto de pelear con la vida y con la muerte,

quizás nadie lo entienda, pero ¿acaso yo lo habré entendido?

Este mundo, tan lleno de controversias, a veces maldad, en algunas de compasión,

el verlo también lleno de envidias, guerras, atrocidades,

y muchas veces de actos tan llenos de heroísmo, que no es posible tener la mente clara,

¿Entonces cómo podré llenar esas páginas para que luzcan como los mejores pensamientos?

Si todo parece que yo no he sabido entender lo que he vivido.

El pasado   1-26-09

Que triste es vivir en el presente, queriendo revivir el pasado,
un pasado que ya no existe,
ese pasado que estuvo lleno de tantas cosas,
de voces que ya no escuchas,
de alegrías que ya no vienen a tí,
los llantos o el bullicio que te hacía vivir,
aquellos que cada día te hacían vivir con emoción o tristeza,
pero que lo vivías,
y hoy este presente que solo te llena de soledad y recuerdos,
y que solo te hacen vivir, pero con tristeza,
y que aunque luchas por cambiarlo, todo parece inútil,
ya estás solo ya no tienes a los que te alegraban,
o a los que te entristecían,
y es porque el presente te ha dejado solo.

Soñando

Es demasiada la emoción que brota en mí cuando pienso en que se realicen
todos mis grandes sueños,
Todos esos sueños por los que uno lucha,
porque de cada día se va tornando un ladrillo más en la construcción de cada
uno de los sueños,
sueños que se envuelven en amor, en pasión, en triunfos,
en realizaciones profesionales,
en viajes, y tantos más,
que no me canso de poner un ladrillo más en cada uno,
y que en cada día hasta la muerte lo haré,
Pero que en momentos cuando no puedo lograr colocar ni un ladrillo,
las lágrimas en mi alma se desbordan,
ya que sé que los sueños se realizan, cuando uno se apasiona de ellos,
y vive realizándolos uno a uno sin descansar,
sin importar que la muerte nos alcance,
Serán tantos los sueños realizados,
que por eso mismo las lágrimas de emoción te llenan el alma,
ya que esos sueños son la sinfonía de mi vida y a la vez la escalera,
que me llevará a la cima de todos mis sueños,
sin importar que la muerte me alcance.

¿Momentos?   1-27-09

En esos momentos como éste, en que tu dolor no ceja,
y que no sabes a donde encontrar el alivio a tus penas,
que le devuelva a tu vida ese brillo que parecias tener,
es cuando en cascada vienen a tí todos tus errores,
y es la soberbia que te domina la que no te deja ver,
que tu vida fue solo eso errores,
Porque en tu envidia no quisiste comprender,
que amar es dar,
que vivir es compartir,
que te amen es recibir,
que te den es construir algo juntos,
que cuando ayudas solucionas los problemas de los demás,
pero tu ceguera no te permitió verlo,
y ahora quieres en momentos como este encontrar solución a tu dolor,
pobre de tí, ya es demasiado tarde, ya nadie te acompaña,
¿Acaso no te has dado cuenta que solo te esperan los fantasmas de tus recuerdos?
ya no hay nadie para tí,
despertaste de tu soberbia muy tarde.

Versos

No se pueden escribir versos,
cuando se vive en la ignorancia y la inmadurez,
cuando se llora por hambre,
cuando se sufre por el frío,
cuando se muere lentamente en medio de la miseria,
¿Cómo se pueden escribir versos?
Cuando el amor lo ha matado el hambre,
cuando en cada día tienes que luchar por sobrevivir,
porque se vive entre los miserables,
los que por un pan roban o matan,
los que pierden todo sentido de humanidad,
como sentirse romántico cuando se vive en el lodo, la lluvia,
y el frío por la falta de un buen techo,
donde no existe pan,
donde solo encuentras paredes vacías,
donde la esperanza de un nuevo día no existe,
y solo la esperanza en Dios lo puede cambiar.

¿Muy tarde?

Que tarde me dí cuenta de la capacidad que mi mente tiene para crear,
que tarde porque realmente pude y puedo hacer tanto,
pero ¿Es ya demasiado tarde?
No lo sé,
Ya que la vida no tiene un contrato determinado por vivir,
y quizás aun hay tiempo,
si tiempo para pensar, para construir,
para hacer tanto,
porque en la vida no se tiene tiempo para nada según se dice,
pero hay que hacer lo que tengas que hacer por tus sueños,
sin importar cuando lo hagas en tu tiempo de vida,
¡Pero hay que hacerlo!
Pero también hay que pensar en hacerlo lo más temprano de tu vida,
para que sea muy grande lo que realices,
y que no sea poco, porque tarde te has dado cuenta de tu capacidad por hacer,
ya que alguien se enorgullecerá de tí,
y si no, tú mismo de tus éxitos.

Tú lucha

1-28-09

No puedes quemar tus sueños, tus ilusiones, ni tus esperanzas.
tu corazón debe ser fuerte para luchar por tus ilusiones.
el mundo puede ser tuyo aunque nadie te comprenda.
alguien te estará esperando.
en lo que construyas,
en lo que inventes,
en lo que idealices.
no dejes que ellos te venzan,
tu mente y tú grandeza tarde o temprano se descubrirá.
el juego es vencer,
no importa como,
recuerda que solo lo que tienes, es tu ser, tu corazón,
los que esperan que no quemes tus sueños en el pesimismo.

Océano de amor   3-24-05

En ese océano de amor que he encontrado en tí,
no existe mujer alguna que provoque mis sentidos como tú lo haces,
transformas mi vida, mi alma y mi ser en la más eterna comunión por tí,
no existe pasión como la tuya,
nada se iguala a tí,
tienes ese embrujo en tus ojos, que hechiza mi alma con tu amor,
tú eres la representación de lo más bello que en esta vida he encontrado,
y quizás hasta la misma eternidad,
con tu amor haces que el tiempo, los años y todo se funda en un segundo,
ya que es así como la vida a tu lado se conjuga,
solo amor, sin sentir el tiempo pasar,
quizás ni la muerte sentiré amándote,
por eso me siento perdido en tu océano,
deseando vivir y morir con tu amor,
ya que no hay ni habrá más dicha que la que tengo a tu lado,
y que se que será hasta en la eternidad.

Navegando

Ver cómo se abren los mares cuando surcas en ellos,
elevando en sus crestas la espuma de un mar tormentoso e inmenso,
en que para tí es y era así como la lucha que tú tenías al navegar en ellos,
eran los momentos en que los embates eran muy fuertes,
en esos mares en que las heridas, aunque sangraban no tenían importancia,
eran esos momentos en que luchas hasta la muerte, cada día, cada hora,
tú a tu cuerpo le exigías dureza y resistencia para seguir navegando,
y aunque pedías ayuda para sobrevivir,
tus esfuerzos empezaron a dar sus frutos,
poco a poco las batallas las ibas ganando,
y si era eso lo que enfrentabas cada día,
que por fin cuando la supuesta victoria llegó,
viste que tu cuerpo, tu espíritu, tu ser, se ha acabado,
te llenaste de heridas que casi nunca cicatrizaron,
y ahora la vida se ha encargado de cobrarte tu lucha,
y que lo único que esperas sea haber logrado las metas,
que al zurcar los mares de la pobreza, de las enfermedades,
y de tanto por lo que tenemos que navegar en esta vida,
que llena de tormentas pero a la vez de días claros,
en los que tenemos que luchar sin descanso,
luchamos por triunfar sobre ellos,
pero las que no venciste, fueron tus enfermedades,
y ahora tendrás que morir en esos mares,
en esos mares que tú escogiste para navegar,
entonces sigue navegando que pronto llegarás a tu destino.
en que la muerte debe ser con honor y satisfacción.

Con Tu partida
02-02-09

Las palabras se revientan en mi alma al recordarte,
y como torrente las lágrimas las inunda mezclándose en el dolor,
en ese dolor que produjo tu partida,
no hay consuelo, no hay nada que llene mi alma,
para poder arreglar palabras que te hagan volver a mí,
rompiste mi alma en mil pedazos,
te amé tanto que no logro cerrar la herida que produjo tu partida,
y aunque trato con todo empeño de sanarla,
ya que no puedo volverme a enamorar,
ya que el haberte entregado mi corazón,
tu lo dejaste vacío con tu partida,
no tengo nada con que volverme a enamorar,
me dejaste por empezar un nuevo amor,
y a mí me dejaste en el más completo olvido,
yo te amé como nadie lo podrá hacer,
te dí el amor más intenso,
y por eso es que tu partida me ha destrozado,
y yo sé que no encontrare forma de volver amar,
pues para mí no existe otro ser como tú.

Palabras frías

02-05-09

Como golpes ligeros,
golpes que poco a poco laceran el corazón,
son así tus palabras,
palabras frías sin amor,
que solo suenan en el vacío,
y que poco a poco destruyen mi alma,
como la gota de agua,
poco a poco perforan una roca,
es así como la frialdad de tus palabras de desamor,
se sienten en mí cuando las oigo,
perforan todo mi ser,
destruyéndome poco a poco,
cegando toda posibilidad de volverme a enamorar,
porque volver a encontrar amor como el tuyo,
será morir en la frialdad del desamor.

Indiferencia

02-08-09

Caen mis pensamientos y mis sentimientos,
en la ignominia de tu indiferencia,
ya que con tus sentimientos crueles, fríos y sin ninguna sensibilidad,
tu ser no mide crueldad ni maldad,
lo haces confundir con tu dizque nobleza,
eres tan dura que a todo tienes una disculpa o excusa,
en nada se ve en tí la compasión,
ni una palabra de amor,
cómo protegerse de tu forma de ser,
cuando se vive enamorado de un ser como tú,
en el que no das cabida,
y cierras todo camino para llegar a tí,
y solo tú físico entregas,
sí, pero con toda la indiferencia que tu forma de ser da.

Celos

02-08-09

Cómo puedo contener mis celos hacia tí,
la desesperación se apodera de mí al verte salir,
siento que todo se derrumba,
pues es así mi inseguridad,
ya que a pesar de amarte tanto,
de tí no recibo más que migajas de amor,
si así le puedes llamar,
siento celos hasta del sol que te ilumina,
y esta desesperación solo tiene salida,
si tú te vas para no volver,
pues morirá todo sentimiento en mí,
y nada lo podrá revivir,
solo tu verdadero amor y entrega total a mí,
disolverá los celos que siento por tí,
ya que los celos y el amor están en la misma moneda,
son sus dos caras,

Inútil

Cómo pesan los años,
cómo pesa la vida cuando sientes que no has hecho nada útil,
cómo pesan cuando solo recibes reproches,
te pasaste la vida trabajando, luchando,
y por más que creíste que construías,
todo indica que destruías,
ahora son las protestas, los reclamos,
todos se vuelven en tu contra,
te reclaman tus gritos, tu enojos, tus celos,
cómo les coartabas su libertad,
los manipulaste te dicen,
y sus quejas hacen que en tí todo se aumente el peso de lo que ya cargas,
como tus fracasos y tantas frustraciones,
¿Pero acaso fue todo como ellos reclaman?
Mientras tú trabajabas, dabas,
mientras tú sufrías, creías que dabas felicidad y solo era tristeza,
mientras tú aprendías, ellos se sentían frustrados porque no estabas con ellos,
mientras tú viajabas por trabajar, ellos se sentían encarcelados,
¿Adónde podré ir ahora que todo se ha acabado?
Con qué palabras o hechos podré rectificar con ellos,
que solo traté de hacerles feliz la vida,
que les entregué mi vida, mis esfuerzos,
para crearles una vida mejor que la mía,
pero ahora todo me aplasta con su peso,
y veo que solo se podrá aligerar con la muerte.

¿La muerte?

1966

¿Qué es la muerte?
¿Acaso es la imagen de un sueño del cual es tan hermoso?
Que nos rehusamos a despertar,
¿O es acaso que empezamos a revivir nuestros mejores días?
Que cuando volvemos o queremos volver a la vida,
nuestro cuerpo está ya sin un hálito de vida,
¿Si morir es volver a vivir nuestra niñez, juventud y nuestros amores?
Entonces quiero morir.

Carta a mi madre   1960

Cómo empezar lo que tanto revoloteaba en mi corazón,
hacia la persona que me trajo a este mundo,
cómo expresar mi gratitud hacia esos pequeños momentos que llegamos a vivir
juntos,
y que llegaron a nuestro corazón tus lágrimas, tus risas, tus esperanzas,
que yo de niño veía que pasabas por nosotros,
es por eso que muchas cosas que existen en mi mente,
que casi puedo decir que uno reconoce en nuestras vidas,
en esta vida tú fuiste la imagen inmaculada a quien dedicaste mi vida y mis
pasos,
y aunque mucha tristeza existe en mi alma por toda la soledad que viví,
si puedo expresar que tú me enseñaste a reconocer la nobleza, el amor la bondad,
y todos esos sentimientos que nos hacen estar más cerca de Dios,
es por eso que cuando escucho música que me hace vibrar todo mi ser,
y algunas veces me ahoga las ganas de llorar al escuchar la música de la que tú
cantabas,
es difícil para mí tratar de hacer entender a todos los que me rodean, mis
sentimientos,
yo hacia tí reconozco que fuiste la persona más maravillosa del mundo,
porque me diste la vida,
fíjate que en mí no existe la palabra Padre como existe para los demás,
aunque duele yo no sentí ni extrañe tener Padre,
porque el que me dio la vida solo ha sido una sombra, como una pesadilla,
pues tú lograste ser todo para mí.

Madre venerada 1965

Si Dios nuestro señor engrandeció y modificó,
para toda la eternidad a una mujer,
para tener el privilegio de ser su Madre,
titulo que le ha dado el derecho de ser la madre más adorada y venerada,
¿Cómo puede un hijo retribuir a su madre el sacrificio tan grande de traerlo al mundo?
¿Podrá existir algo con qué pagar?
Así puedo decir,
que así como Dios dejó a su Madre,
para ser amada y venerada,
así debe ser la Madre para uno.

Mar y amor
02-24-09

Como no querer besar la palma de ese enorme mar,
que en sus grandes extensiones,
reaviva todas mis grandes emociones,

Navegar por sus grandes y bravas olas,
es soñar en recordar mis grandes aventuras,
son el mar y el amor,
por los cuales hay que demostrar valor,

Pues navegar o amar
se vuelve a veces el más grande pesar
pero cuando amas vives
y cuando navegas también vives

Cómo no he de besar a mi amada
que es como en el mar una marejada
las dos te llevan en su viajar
por las dos grandes emociones que da el amar o el navegar

Pues amar es recibir tempestades
como el navegar es encontrar también tempestades

Quiero amar a la mujer
como quiero amar al mar

Es mi cantar por amar
como desear navegar por el mar.

A Mónica E.   02-28-09

Desde que escribiste esas palabras mágicas,
describiendo a un ser que nunca pensé ser,
ya que nadie me describió como tú lo hiciste,
y asi hiciste que mi vida cambiara,
en estos momentos que a mi vida solo ha llegado el dolor y la vejez,
y como una bendición tus palabras alivian mi tristeza y mi dolor
una alma como la tuya merece la gloria,
tus palabras solo pueden venir de alguien que del cielo llego,
es tan difícil para mí componer palabras,
palabras que muestren mi infinito agradecimiento,
por todos los sentimientos que en mí producen tus palabras,
cuando en la vida solo has encontrado burlas, desamores, y tantas frustraciones,
que ver en tus ojitos de niña la emoción de ver en mí lo que nadie había visto en
mí,
gracias infinitas solo puedo expresar y desear que en tu vida siempre se llene de
amor,
de triunfos y de grandes ilusiones,
con todo mi amor te deseo Mónica toda la felicidad que el encanto de tus ojos
inspiran.

Niebla   02-28-09

¿Cómo encontrar el camino?
caminar siempre entre la niebla,
hace que todo se vuelva tan confuso,
crees que siempre llevas el rumbo correcto,
pero la niebla elimina de tu vida toda claridad,
crees encontrar el amor,
y sin embargo lo que encuentras es dolor,
en el medio del camino siempre encuentras incertidumbre,
en cada paso tus sentimientos siempre tropiezan,
ya que en la ceguera que produce la niebla nunca sabes a quien se los entregas,
y siempre el caminar así es como la vida te encuentra,
naciste en medio de la niebla,
y la niebla se convirtió en tu fiel acompañante,
y al nacer así y caminar en medio de esa ceguera,
es lo que hace de tí un fracasado,
ya que nunca encuentras claridad,
y que te ayude a encontrar los caminos correctos,
el amor, el triunfo, todo para tí es negado porque todo lo confundes,
¿Pero quién nos siembra esa niebla?
Que no nos deja caminar en la claridad de la vida,
acaso unos nacen con ella y a otros se nos niega,
para quizás nuestras vidas sirvan de ejemplo,
y que así nunca tengan tropiezos los demás,
pero ¿Por qué uno? ¿Acaso son dudas que solo en la muerte se esclarecen?

Cáncer

02-28-09

Maldita palabra que es como una espada que corta tu vida en pedazos,
los dolores que produce son tan fuertes,
que el solo saber que ha caído en tí destroza tu vida en pedazos,
en tus pensamientos solo se encuentra dolor,
y todos quieren animarte,
¿Pero acaso comprenden el dolor constante que produce en tu cuerpo?
Los dolores hacen que te mutilen para extraer sus tumores,
y dejan a tu cuerpo en constante dolor,
medicinas en su contra que solo laceran más tu cuerpo,
¿Y qué de las drogas contra el dolor?
Que solo mutilan tu vida,
ya que te hacen vivir en la inconciencia,
pierdes toda posibilidad de vivir,
cada día recorta tu existencia,
y ni la riqueza ni la pobreza ayudan a eliminarlo de tu cuerpo,
solo la desesperación y el dolor te acompañan,
el esplendor de vivir se apaga en tí,
Cáncer, Cáncer es solo la palabra en tu mente,
¿Qué no habrá realmente la medicina?
Que sin mutilarnos, ni tanto dolor,
se elimine de nuestros cuerpos,
será tanta la maldad de quienes pueden hacerlo, lo niegan,
¿acaso por la riqueza que les produce?
Y que realmente no la hay,
y que es otra forma, solo de acabar con nuestra existencia en medio de grandes
dolores.

Flores a mi Madre   02-28-09

En las flores mido yo la vida,
Rosas, Camelias, Gardenias y tantas más,
son la expresión de la belleza,
sus aromas atraen toda clase de aves,
sus colores tan variados y a la vez tan hermosos,
que no puedes describirlos a cada uno,
son tantos y tan perfectos en cada corona de pétalos,
que embellecen la vista,
para que confundidos en sus colores y sus perfumes,
Aves, mariposas y abejas todas tomen de su belleza,
lo mejor de ellas mismas para crear nuevas vidas,
que es así como su belleza la que en mí despierta toda una sinfonía de pensamientos,
que hacen florecer en mí la vida misma,
que unido al amor compartido,
asemeja la comunión que entre bellas flores y las aves,
nos dan la maravilla de una nueva vida.

¿Cansancio?   03-02-09

¿Es acaso el cansancio que a la vejez sientes?
Por lo que tanto te lamentas,
porque dedicaste toda tu vida a demostrar que valías,
que tu podias,
que tu también eras grande,
y que también te empeñaste en demostrar tu valor,
¿Y es que ahora te sientes cansado de vivir?
Porque realmente nada lograste hacer,
y ahora en la penumbra de la soledad,
te has dado cuenta que nada valías,
y que a tu vida solo se le ha llenado de reclamos, rechazos y reproches,
y que como un demente todos se alejan de tí,
y es porque de todo te alteras,
y claro siempre quieres tener la razón,
y aunque sabes que todo lo que hiciste,
fue con el mayor empeño de imitar a los grandes hombres,
a esos que dejaron huella en su caminar,
pero tú, tú solo dejaste huellas pero de lo malo que tú hiciste,
pero que tú creías que hacías bien,
por eso no te sientas cansado y regresa,
intenta componer algo del mal que hiciste,
aunque te mueras en el camino,
que quizás logres algo bueno de tí.

La lluvia   03-05-09

En el cielo las nubes se concentran,
y en su caminar de su negrura dejan caer su lluvia,
para crear nuevas vidas,
ya que en la aridez de la tierra todo muere,
y con las primeras gotas oscurecen las tierras,
que en su aridez brillan reflejando la luz del sol,
solo arenas blancas y tierras amarillas puedes encontrar en la aridez,
pero con el caer de la lluvia sus colores cambian,
resurgiendo el verde color de las praderas,
los animales resurgen de entre la tierra,
claro buscando regenerar sus vidas,
por eso en estas tierras,
el llover es nacer a la vida,
conservar el agua de las nubes,
debe ser la conciencia de la vida,
recordar que sin ella todo muere,
nos debe hacer pensar siempre en la lluvia.

Ignorante 03-05-09

Me dicen que no sé escribir,
y yo sé que no lo sé,
pero las palabras brotan de mí,
y todo por lo que viví,
en el silencio, en la felicidad,
en el hambre, en la soledad o en el amor,
la tristeza, y tantas cosas más,
que por todo eso es el porque las palabras brotan de mí,
que solo quiero expresar mi sentir,
en los momentos que lo viví,
pero claro al no saber escribir,
mis palabras no son fáciles de entender,
y solo puedo escribir lo que de mí nace al escribir.

Tú y las estrellas   03-05-09

Describir tu belleza, es describir a una estrella,
la blancura de tu rostro hace deslumbrar todo,
como lo hacen las estrellas en el cielo,
ver la finura de tus facciones es ver la perfección de la belleza,
tu cabellera deslizándose entre tus hombros,
representa la sensualidad de tu cuerpo,
la grandeza y belleza de tu cuerpo es solo de reinas,
y es que para mí tú eres como las estrellas,
solo las puedes admirar y amar de lejos,
estás tan lejos como lo están ellas,
sin embargo tu luz que de tus ojos brilla,
y la sonrisa que de tus labios brota,
es estímulo de vida,
como lo es el universo,
enamorarse de tí es amar lo infinito,
pues solo en el se encuentran seres como tú,
como son las estrellas que en el infinito vemos
pero no por eso puedo dejar de amar tu imagen,
que llena de amor y felicidad mis sueños de amor

Olvidar

03-05-09

Olvidar es recordar por lo que dudas,
ya que al pensar no encuentras por lo que dudabas,
y que es en tu olvido por lo que no sabes porque dudas,
¿Cómo encontrar entonces por lo que dudabas?
Si todo lo olvidas y todo se vuelve en tí por saber de que dudabas,
y claro nunca encontraras la explicación a lo que dudabas,
porque todo se te olvida y por tus dudas,
ya ni te acuerdas de que eran tus dudas,
ya que en tu mente solo te quedan dudas,

Deshabilitado   03-08-09

Siento una infinita tristeza ante lo que ya no puedo tener,
ante lo que ya no puedo amar,
ante lo que ya no puedo disfrutar,
todo mundo te alienta,
pero tú ya eres ya un viejo e incapacitado,
todo el mundo se vuelve contra tí,
cuando dices que quieres luchar por vivir mejor,
¿Cómo aceptar que la muerte esta más cerca de tí que de los demás?
Si hubiese certeza de otra vida, seria como imaginar,
tener todo el tiempo para escuchar tantos conciertos,
tener el tiempo para escribir tantas ideas,
construir tanta felicidad en ese espacio que llamamos gloria,
el poder conversar con todos aquellos que dieron tanto de sí mismos con sus ideas,
y entonces creo que si es tiempo de esperar solamente,
y si somos inválidos entonces me sentiré feliz en esa espera,
porque aquí, todo te lo niegan,
ya no hay con quien compartir,
a quien amar,
a quién escuchar,
a quien escribir,
solo eres un inválido,
¿Qué no puede la humanidad comprendernos?
Y ayudarnos para vivir y dar más de nosotros mismos en esta vida,
que piensen que ellos también llegarán a ser invalidados por la vejez,
y que si no hay seguridad de otra vida,
disfrutemos todos de esta sin restricciones.

¿Tristeza?

03-08-09

Que fácil es llorar,
cuando se tiene tanta tristeza en el alma,
buscas cerrar tus heridas con amor, con felicidad,
con música, con tantas cosas que la naturaleza nos da,
pero las cicatrices no cierran,
ya de niño te las hicieron,
como borrar de la mente lo que se grabó con tanto dolor,
pareciera que nunca debería haber nacido,
pero como no es momento de rendirse,
ya que ahora no son solo los dolores del alma,
sino los del cuerpo,
ahora el cáncer ha llegado,
y aunque las cicatrices que deja son menores que las del alma,
es ya momento de purificar la vida,
es ya momento de darle valor a tu ser,
luchar ahora contra todo, debe ser la misión,
y que si no cicatrizan tus heridas,
tanto del alma como del cuerpo,
que sirvan de ejemplo para quien venga atrás,
debemos luchar, luchar hasta morir,
que algo bueno hemos de dejar en nuestro paso.

10 03-08-09

La inocencia de tu amor rebasó mis expectativas sobre nuestro amor,
tú entrega con tanto amor y pasión desbordó mi alma en felicidad,
mi corazón palpitó lleno de emoción haciendo estremecer todo mi ser,
y hoy que lleno de tu amor vivo,
no sé como llenar tu vida en amor por tí,
pues todo lo recibo de tí sin pedirlo,
tienes en tu alma el encanto de tu amor,
deslizas en tu voz, solo amor y pasión,
como no amarte si te has convertido en mi ser,
tu amor es absoluto y pleno, con nada se compara,
tú eres la esencia de mi vida y llenas de amor cada espacio donde vivo,
solo la inocencia de un amor como el tuyo,
es capaz de desbordarse y llenar cualquier espacio de vida,
y claro sin tí, no puede haber vida,
contigo es llenarse la vida de amor,
por eso pienso en que fue 10 el día,
el 10 es la calificación a la perfección,
y eso eres tú para mí,
un 10 en el amor.

A la niña

03-10-09

Llegaste a nuestras vidas en esos momentos que tanto se necesita,
porque en esa soledad que van dejando los años,
tú veniste a llenarnos de alegrías, de emociones indescriptibles,
que tu risa, tus llantos, tus preguntas llenaron nuestro espacio,
te volviste el sol de cada mañana en nuestras vidas,
arrullarte y cantarte para dormirte era tan hermoso,
que al verte dormida en mis brazos,
llenabas en mí todo el amor que de tu niñez necesitaba mi corazón,
pero poco a poco fuiste creciendo y lentamente te fuiste alejando de nuestras
vidas,
ver y oír tu voz primero de niña, luego de jovencita y que se diga de mujer,
pero así como llenaste nuestras vidas de amor,
hoy se ha llenado de tristeza,
pues ya no puedo arrullarte y ni siquiera verte ya,
y solo pienso en cuánto extraño tu vocecita de ángel,
que ya ahora no escuchamos más que en la memoria de nuestras mentes,
vuelve a nosotros, voltea un poco,
y regálanos una sonrisa a quien te amamos tanto,
porque ahora al extrañar todos los momentos vividos contigo,
nos encierra en una tristeza infinita,
piensa que si fuiste una sinfonía de alegría en nuestras vidas,
hoy se ha convertido en una sinfonía triste y amarga,
no nos abandones en este espacio que se ha llenado de soledad sin tí,

¿Maldad?   03-11-09

Con cuanta facilidad le hacemos daño a los demás,
los ofendemos, les robamos, hasta el crimen cometemos,
y nada parece detenernos,
nuestra dureza nos hace invulnerables al arrepentimiento,
nos sentimos tan dueños del mundo,
que en nuestra arrogancia y soberbia cuando nos hacen ver nuestros errores,
una simple disculpa damos y nada más,
como nadie nos castiga,
nada nos importa,
porque hasta en la maldad se es hábil,
pero hay errores que parece que si pagamos,
cuando le hacemos daño a los nuestros,
pronto de alguna manera se nos regresa,
pareciera venganza de ellos a uno,
pero no,
ya que es como ofender al cielo,
pronto le cae a uno en la cara las ofensas,
si Dios dijo que lance la primera piedra el que este limpio de culpa,
el ver que nadie se atreve,
es porque nuestra misma maldad nos lo impide,
¿Quiénes somos nosotros quienes llenos de ingratitud y maldad nos permitimos
juzgar a los demás?
Si entre las grandes personalidades se tratan hipócritamente a los criminales,
ya que usan la tan usada palabra Diplomacia,
entonces como nos atrevemos a juzgar a los demás,
sabiendo el daño que le hacemos a la gente alrededor de ellos,
todos somos tan culpables,
que debemos de ver que solo los criminales terminan en la cárcel,
y aun así su gente los acepta.

Tiempo

03-12-09

¿Cuánto tiempo más?
Este dolor que me ha causado tu calumnia,
me está matando en vida,
fijé toda mi ilusión en verlas crecer,
mi vida se fincó en Ustedes,
todo el amor que me fue negado lo esperé de Ustedes,
una a una eran mi esperanza de encontrar mi lugar en la vida,
cifré la esperanza en Ustedes para demostrar que algo había bueno en mí,
al verlas realizadas,
que sus vidas el toque de triunfos que a mí me fue negado,
pero hoy en esa realidad en que me han colocado,
todo se ha vuelto tan doloroso,
que no encuentro consuelo,
y el pensar que tenga que vivir más en este dolor,
es muy difícil de aceptar,
recuerden trate de darles lo mejor de la vida.

Tu dureza   03-24-09

Me has castigado día a día con tu dureza,
con la dureza de tus palabras,
con la dureza de tus acciones,
con la dureza de tu carácter,
siempre has provocado en mí la ira,
ira que ha hecho de mí un animal,
esa bestia que siempre odié en mí,
pero que tú parecías gozar al hacerla salir de mí,
¿Cómo pude ser tan ciego al no darme cuenta?
De la piedra que por corazón sostuviste ante mí,
me has hecho maldecir mi vida misma,
cuando yo lo único que me finqué fue dar lo mejor de mí,
pero con tu dureza lograste que te diera solo lo peor de mí,
y ahora que cuando ya todos me odian,
ahora muestras tener un corazón tierno y lleno de amor,
¿Qué así fue mi ceguera?
Que hoy me niego a aceptar,
ya que no veo como poder creerlo,
porque a mi nunca me lo demostraste.

Sin medida

03-24-09

No te mediste para herirme,
sabias que no me amabas y te uniste a mí,
viviste a tu modo,
quizás en una mentira,
quizás en la inmadurez,
quizás por ignorancia,
pero en tu falso amor se fincó mi vida,
y con todos los tropiezos los años se nos vinieron encima,
poco a poco fuiste erosionando el amor que te profesé,
tu indiferencia en tu entrega siempre fue notoria,
y hoy que en que ya no es el amor el que nos une,
sino la costumbre y el deber,
pienso en como desearías romper estas cadenas que te ataron a mí,
¿Tendré que morir yo?
¿Acaso se puede vivir hasta la muerte en este árido amor?
¿Quién lo podrá aclarar?
Porque siempre sentí que no era a mí a quien tú amabas,
¿A quien?
Solo tú lo sabes,
Algo con lo que viví a tu lado como una maldición.

Volar

Yo sé que puedo volar,
que puedo volar hasta el lugar más remoto,
que puedo tocar las nubes,
cuando vuelo salgo a admirar toda la belleza que hay,
en el mar, en el desierto, en las plantas, en las ruinas,
en las artes, en los animales los toco con las manos,
en todos lados puedo jugar con ellos,
con todos los animales,
porque ellos me comprenden,
porque ellos me conocen, me comprenden,
vuelan conmigo al igual que yo,
en busca del amor y la ternura,
que Dios nos da con su mundo,
en el encontramos tantas cosas que admirar,
sus ríos, cascadas, lagos,
y mares de tanto misterio,
nada me detiene ni me lastima,
porque puedo volar,
porque puedo volar por todo el universo,
porque es el don que Dios me legó,
Mi Imaginación.

¿Valor?

03-24-09

Cuántas veces salí a enfrentar tantas aventuras,
a enfrentar los retos que el trabajo,
la gente, la miseria o la riqueza me enfrentó,
salí siempre seguro de que podía,
y claro no sentía ningún temor,
me llené siempre de ilusiones y de esperanzas,
poco a poco fuí realizando tanto que aun a pesar de los fracasos,
poco a poco se fueron consolidando muchos de mis deseos,
por eso hoy me siento desconocerme a mí mismo,
ya no salgo a enfrentarme a los caminos, al trabajo,
o a lo que tanto me enfrenté,
hoy solo puedo hacerlo con la pluma,
y desde mi rincón donde me armo de valor,
para ahora así enfrentar la vejez y los dolores,
dolores que me acosan física y mentalmente,
pero solo la muerte me podrá vencer,
pero para entonces yo le habré dejado a la vida mi obra,
quizás malformada,
pero que sé que es el cimiento,
para los que traje a este mundo,
continúen perfeccionando esta obra que se llama vivir,
si vivir con honestidad y espíritu de lucha,
porque al mundo venimos a crear no a destruir.

Tu conciencia

Escucha a tu conciencia,
que hará abrir tu alma hacia una verdad profunda en tí,
porque ella te hablará de tus errores, de tu soberbia, de tus mentiras,
pero quizás te traiga grandes recuerdos,
como cuando soñabas en componer el mundo,
cuando los defectos de los demás tú los criticabas,
y que decías que nunca serías igual,
escúchala que también traerá grandes recuerdos de tu vida,
cuando llorabas al escuchar una melodía,
o cuando veías un paisaje,
cuantas cosas te puede hablar tu conciencia,
recuerda que a ella la has llenado de tantos pensamientos, propósitos y amores,
si la escuchas quizás te devuelva la felicidad que en tu inocencia tenias,
escúchala que tu corazón también te ayudará,
recuerda tu conciencia te puede ayudar a construir tanto en tu vida,
si la escuchas puede volver hacer de tí un bebé,
ése que llenó de sueños y fantasías eras,
escúchala todo cambiará,
no te rompas el corazón a tí mismo en tu soledad,
tu conciencia tiene mucho que darte.

A Adalberto Abascal del Río   04-02-09

Hay que pensar que no todo es verdad,
que las acciones pronto se descubren,
y cuando la bondad y la nobleza existió entre seres que se amaron,
pronto las mentiras se vuelven polvo,
no siempre la comprensión nos ilumina,
caminamos muchas veces entre las sombras de las calumnias,
sin saber el fondo por las que se sembraron,
pero tarde algunas veces se nos rebelan,
porque los buenos principios por los que siempre fuimos encaminados en la
vida,
los traen a la luz,
pero quizás en muchas ocasiones ni la muerte las desmiente,
tarde quizás, pero el reencuentro ha remarcado nuevamente su imagen,
lo envolvieron en penumbras, y hoy que su recuerdo nos llama,
veo que el tiempo muchas veces nos trae la verdad,
y a quien algunas veces se le llenaron de errores,
hoy vemos que siempre dejó su labor fincada en el amor,
y con el tiempo sus acciones han brotado y unen a quienes su amor creó,
ya que hoy los une, como las flores atándose como en un ramo,
para dar vida a la grandeza de su obra,
que ha de perdurar entre los que de él trajo al mundo,
para así dar vida al pensamiento y la prosa de su vida que fue como un poema,
en la grandeza de esos seres, producto de su amor,
porque sabemos que no siempre el amor es conjugado entre dos seres,
lo que si es ver que de ese amor, si se multiplicaron sus seres.

Penumbras

04-08-09

En la penumbra de un casi oscuro atardecer,
contemplo como se esfuma la luz del sol,
y es como siento esfumarse mi vida,
que llena de brillantes recuerdos,
de colores vivos que me dió la vida,
y es en las melodías de las notas que escucho,
cuando los sonidos se convierten en las palabras,
en que llenas de amor escuche en mi vida,
y es ahora el dolor de no poder concebir la realidad de la vida,
la que ensombrece mi atardecer,
la vida para mí es como el día que se acaba en el atardecer,
y para el día son los minutos en que el sol los llena de luz a cada instante,
dándole vida a todo en la naturaleza y a la vez nos llena con su esplendor,
los años para nosotros son en los que nos llenamos de luz ya fuera de felicidad o
de tristeza,
pero cuando se ensombrecen nuestras vidas todo se acaba,
no así para la naturaleza,
que a cada día en el que el sol renace,
todo en la naturaleza revive.

ÍNDICE